# 中学入試にでる順

改訂版

[社会]

# 歴史

監修 玉田 久文（スタディサプリ講師）

JN039641

＊この本には「赤色チェックシート」がついています。

＊この本は、2018年に小社より刊行された
『中学入試にでる順 社会 歴史』の改訂版です。

KADOKAWA

# はじめに

この本を手に取っていただき，ありがとうございます。この本は，**中学受験をする小学5年生・6年生のための参考書**です。入試本番までの使い方は人それぞれですが，志望校合格に向けて一つでも理解を深めてくださいね。

## 「点」から「線」へ，そして「面」へ

**歴史の勉強は「点」から「線」へそして「面」に知識を広げていくことをおすすめします。**まずは「点」です。政治の流れとして「いつ」「どこで」「だれが」「なにをした」をまず覚えていなければなりません。しかしながら，入試問題を解くにはそれだけでは正解にたどり着きません。**「なにをした」よりも**「なぜそう取り組んだのか」**という理由を答えられるように**しましょう。そして，それをつなげていくことで「点」が「線」になります。

塾のテストや模試，過去問演習などで，「このできごとはどのできごとの間に起こりましたか？」と問われたことがありますよね。あれは年号を覚えるだけではなく，それぞれのできごとを理解しておけば，難しい問題ではありません。例題でみてみましょう。

【例題】次のア～エを古い順に並び替えなさい。
ア　桜田門外の変が起こる。
イ　日米修好通商条約を結ぶ。
ウ　安政の大獄が始まる。
エ　日米和親条約を結ぶ。

もちろん，年号を覚えておけばできる問題です。ある程度知識が定着していれば難しくはありません。では次の例題をみてください。

【例題】次のア～エを古い順に並び替えなさい。
ア　当時の大老が水戸藩の浪士に討たれる。
イ　横浜港を開港し外国との貿易が始まる。
ウ　吉田松陰などが処罰される。
エ　下田と函館を開港する。

歴史が得意な人たちはすぐにわかったように，**どちらの例題も答えは同じです。**

**しかし出題傾向は学校によって，さまざまなので，志望校に応じた知識の習得が必要です。**それぞれの中学校は「この問題ができる生徒に入学してもらいたい」と考えて入試問題を作成しています。

そういった問題への対策のヒントになるのが，この『改訂版　中学入試にでる順　社会　歴史』の問題部分です。**この本では，まず基礎知識を確実に覚えて，問題で知識が定着しているかを確認します。**もしかしたら基礎知識の確認の際に，今まで習ったことのない言葉が出てくるかもしれません。たとえば，この本であれば，飛鳥時代（P.119）に出てくる百済の聖明王などです。これは昔，最難関の中学校で出題されたので，他の学校でも取り上げられる可能性があるかもしれません。そのような言葉を少しですが加えています。そのため**基礎知識の定着を図りながら応用テーマまで勉強できる内容になっています。**

そして最後に，線をつなげて面にします。線が3本あれば面になりますね。歴史の場合4本以上の線をつなげて大きな面にしましょう。まず1本目の政治の流れを理解し，そして2本目の各時代の産業を理解し，3本目の各時代の外国との関係を学びます。4本目に文化史を理解すれば中学入試で必要な知識は整います。そしてその知識をもとにどんどん問題を解いていきましょう。

## 社会の勉強は前向きに

もし家族の協力を得られるのであれば，覚えたページをクイズ形式で出題してもらいましょう。それが答えられるならば自信を持って次に進む，もし答えられなければもう一度覚え直して出題してもらいましょう。**覚えられていなかったときや忘れてしまっていたときは，もう一度覚え直せばいいだけの話です。**落ち込む必要などありません。それよりもテストや模試，入試前に覚えられていなかったことがわかったことは本番に向けてプラスになります。ぜひ前向きに社会科の勉強に励んでくださいね。

この本は重要な言葉や流れがまとまっているので，入試直前に取り組む教材としても役立ちます。ぜひ有効活用してください。みなさんの志望校合格のお役に立てることを望んでいます。そして応援しています。一緒に頑張りましょうね。

**監修　玉田久文**

# 本書の特長と使い方

## この本の特長

① 最新の入試分析にもとづく"でる順"でテーマを掲載
② 要点＋演習で，効率的に学べる
③「入試で差がつくポイント」で，"思考力""応用力"を鍛えられる

## この本の使い方

[時代ごとのテーマのページ]

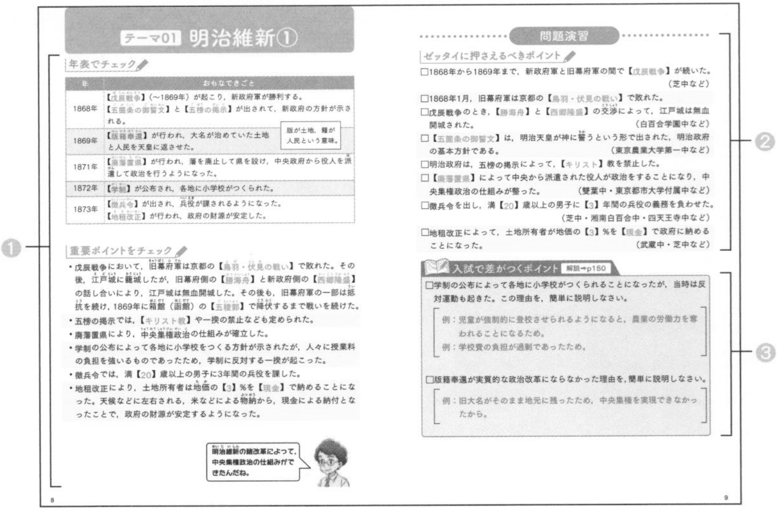
テーマ01 明治維新①

年表でチェック

| 年 | おもなできごと |
|---|---|
| 1868年 | 【戊辰戦争】（～1869年）が起こり，新政府軍が勝利する。<br>【五箇条の御誓文】と【五榜の掲示】が出されて，新政府の方針が示される。 |
| 1869年 | 【版籍奉還】が行われ，大名が治めていた土地と人民を天皇に返させた。<br>版が土地，籍が人民という意味。 |
| 1871年 | 【廃藩置県】が行われ，藩を廃止して県を設け，中央政府から役人を派遣して政治を行うようになった。 |
| 1872年 | 【学制】が公布され，各地に小学校がつくられた。 |
| 1873年 | 【徴兵令】が出され，兵役が課されるようになった。<br>【地租改正】が行われ，政府の財源が安定した。 |

重要ポイントをチェック

- 戊辰戦争において，旧幕府軍は京都の【鳥羽・伏見の戦い】で敗れた。その後，江戸城に籠城したが，旧幕府側の【勝海舟】と新政府側の【西郷隆盛】の話し合いにより，江戸城は無血開城した。その後も，旧幕府軍の一部は抵抗を続け，1869年に箱館（函館）の【五稜郭】で降伏するまで戦いを続けた。
- 五榜の掲示では，【キリスト教】や一揆の禁止なども定められた。
- 廃藩置県により，中央集権政治の仕組みが確立した。
- 学制の公布によって各地に小学校をつくる方針が示されたが，人々に授業料の負担を強いるものであったため，学制に反対する一揆が起こった。
- 徴兵令では，満【20】歳以上の男子に3年間の兵役を課した。
- 地租改正により，土地所有者は地価の【3】%を【現金】で納めることになった。天候などに左右される，米などによる物納から，現金による納付となったことで，政府の財源が安定するようになった。

明治維新の諸改革によって，
中央集権政治の仕組みができたんだね。

8

問題演習

ゼッタイに押さえるべきポイント

□1868年から1869年まで，新政府軍と旧幕府軍の間で【戊辰戦争】が続いた。（芝中など）
□1868年1月，旧幕府軍は京都の【鳥羽・伏見の戦い】で敗れた。
□戊辰戦争のとき，【勝海舟】と【西郷隆盛】の交渉によって，江戸城は無血開城された。（白百合学園中など）
□【五箇条の御誓文】は，明治天皇が神に誓うという形で出された，明治政府の基本方針である。（東京農業大学第一中など）
□明治政府は，五榜の掲示によって，【キリスト】教を禁止した。
□【廃藩置県】によって中央から派遣された役人が政治をすることになり，中央集権政治の仕組みが整った。（雙葉中・東京都市大学付属中など）
□徴兵令を出し，満【20】歳以上の男子に【3】年間の兵役の義務を負わせた。（芝中・湘南白百合中・四天王寺中など）
□地租改正によって，土地所有者が地価の【3】%を【現金】で政府に納めることになった。（武蔵中・芝中など）

入試で差がつくポイント 解説→p150

□学制の公布によって各地に小学校がつくられることになったが，当時は反対運動も起きた。この理由を，簡単に説明しなさい。
[例：児童が強制的に登校させられるようになると，農業の労働力を奪われることになるため。
例：学校費の負担が過剰であったため。]

□版籍奉還が実質的な政治改革にならなかった理由を，簡単に説明しなさい。
[例：旧大名がそのまま地元に残ったため，中央集権を実現できなかったから。]

9

①左側の「要点をチェック」「年表でチェック」「重要ポイントをチェック」では，重要なことを暗記しましょう。年表や図と合わせて，知識をインプットします。

②右側は「問題演習」です。そのうち，「ゼッタイに押さえるべきポイント」では，入試で問われる切り口を学びます。入試での実践力を養いましょう。
できたらスゴイ! がある問題では，左側のページであつかっていないテーマも出題しています。

③「問題演習」のうち，下部にある「入試で差がつくポイント」では，「単純な

暗記では解けない切り口」「難関校で出されたテーマ」などをあつかいます。左側のページであつかっていないテーマも出題しています。巻末に掲載した「解説」でも理解を深めましょう。「解説」の①・②などの番号は，問題の上からの順に対応しています。

[テーマ史のページ]

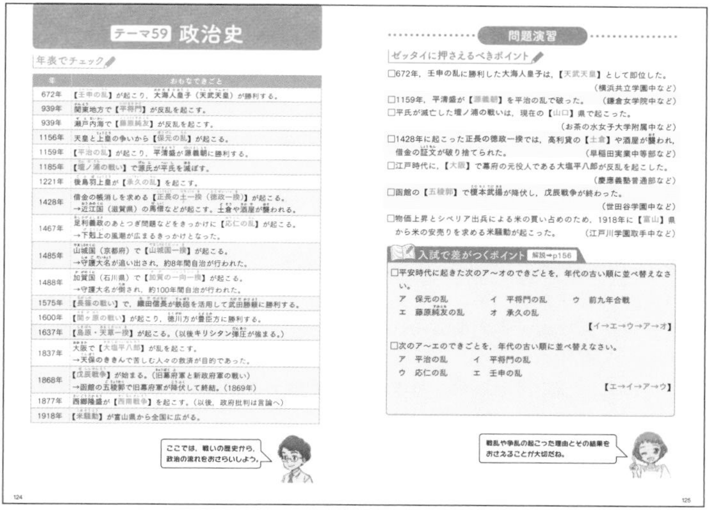

## テーマ59 政治史

年表でチェック

| 年 | おもなできごと |
|---|---|
| 672年 | 【壬申の乱】が起こり，大海人皇子（天武天皇）が勝利する。 |
| 939年 | 関東地方で【平将門】が反乱を起こす。 |
| 939年 | 瀬戸内海で【藤原純友】が反乱を起こす。 |
| 1156年 | 天皇と上皇の争いから【保元の乱】が起こる。 |
| 1159年 | 【平治の乱】が起こり，平清盛が源義朝に勝利する。 |
| 1185年 | 【壇ノ浦の戦い】で源氏が平氏を滅ぼす。 |
| 1221年 | 後鳥羽上皇が【承久の乱】を起こす。 |
| 1428年 | 借金の帳消しを求める【正長の土一揆（徳政一揆）】が起こる。<br>→近江国（滋賀県）の馬借などが起こす。土倉や酒屋が襲われる。 |
| 1467年 | 足利義政のあとつぎ問題などをきっかけに【応仁の乱】が起こる。<br>→下剋上の風潮が広まるきっかけとなった。 |
| 1485年 | 山城国（京都府）で【山城国一揆】が起こる。<br>→守護大名が追い出され，約8年間自治が行われた。 |
| 1488年 | 加賀国（石川県）で【加賀の一向一揆】が起こる。<br>→守護大名が倒され，約100年間自治が行われた。 |
| 1575年 | 【長篠の戦い】で，織田信長が鉄砲を活用して武田勝頼に勝利する。 |
| 1600年 | 【関ヶ原の戦い】が起こり，徳川方が豊臣方に勝利する。 |
| 1637年 | 【島原・天草一揆】が起こる。（以後キリシタン弾圧が強まる。） |
| 1837年 | 大阪で【大塩平八郎】が乱を起こす。<br>→天保のききんで苦しむ人々の救済が目的であった。 |
| 1868年 | 【戊辰戦争】が始まる。（旧幕府軍と新政府軍の戦い）<br>→函館の五稜郭で旧幕府軍が降伏して終結。（1869年） |
| 1877年 | 西郷隆盛が【西南戦争】を起こす。（以後，政府批判は言論へ） |
| 1918年 | 【米騒動】が富山県から全国に広がる。 |

ここでは，戦いの歴史から，
政治の流れをおさらいしよう。

124

### 問題演習

ゼッタイに押さえるべきポイント

□672年，壬申の乱に勝利した大海人皇子は，【天武天皇】として即位した。（横浜共立学園中など）

□1159年，平清盛が【源義朝】を平治の乱で破った。（鎌倉女学院中など）

□平氏が滅亡した壇ノ浦の戦いは，現在の【山口】県で起こった。（お茶の水女子大学附属中など）

□1428年に起こった正長の徳政一揆では，高利貸の【土倉】や酒屋が襲われ，借金の証文が破り捨てられた。（早稲田実業中等部など）

□江戸時代に，【大阪】で幕府の元役人である大塩平八郎が反乱を起こした。（慶應義塾普通部など）

□函館の【五稜郭】で榎本武揚が降伏し，戊辰戦争が終わった。（世田谷学園中など）

□物価上昇とシベリア出兵による米の買い占めのため，1918年に【富山】県から米の安売りを求める米騒動が起こった。（江戸川学園取手中など）

入試で差がつくポイント 解説➡p156

□平安時代に起きた次のア～オのできごとを，年代の古い順に並べ替えなさい。

ア 保元の乱　イ 平将門の乱　ウ 前九年合戦
エ 藤原純友の乱　オ 承久の乱

【イ→エ→ウ→ア→オ】

□次のア～エのできごとを，年代の古い順に並べ替えなさい。

ア 平治の乱　イ 平将門の乱
ウ 応仁の乱　エ 壬申の乱

【エ→イ→ア→ウ】

戦乱や争乱の起こった理由とその結果を
おさえることが大切だね。

125

❶時代ごとのテーマのページとは異なり，見開きごとにテーマを設定しています。まず，左ページで時代の区切りをこえた流れを押さえましょう。

❷時代の区切りをこえた流れを押さえたら，問題演習をしましょう。タテに歴史を見ることができる力を身につけましょう

**[出題校について]**

この本では，問題であつかったポイントが，過去の入試で出題された学校を示しています。小社独自の入試分析をもとに記載しております。「問題演習」では，形式を統一するために一部改変を行っております。また，出題されたすべての学校を示しているわけではありません。複数の学校で出題されたポイントでは，一部の学校の名前を記載しております。

本文デザイン／ムシカゴグラフィクス　キャラクターイラスト／加藤アカツキ　執筆協力／㈲マイプラン

# 目次

# テーマ01 明治維新①

## 年表でチェック

| 年 | おもなできごと |
|---|---|
| 1868年 | 【戊辰戦争】（～1869年）が起こり，新政府軍が勝利する。<br>【五箇条の御誓文】と【五榜の掲示】が出されて，新政府の方針が示される。 |
| 1869年 | 【版籍奉還】が行われ，大名が治めていた土地と人民を天皇に返させた。 |
| 1871年 | 【廃藩置県】が行われ，藩を廃止して県を設け，中央政府から役人を派遣して政治を行うようになった。 |
| 1872年 | 【学制】が公布され，各地に小学校がつくられた。 |
| 1873年 | 【徴兵令】が出され，兵役が課されるようになった。<br>【地租改正】が行われ，政府の財源が安定した。 |

版が土地，籍が人民という意味。

## 重要ポイントをチェック

- 戊辰戦争において，旧幕府軍は京都の【鳥羽・伏見の戦い】で敗れた。その後，江戸城に籠城したが，旧幕府側の【勝海舟】と新政府側の【西郷隆盛】の話し合いにより，江戸城は無血開城した。その後も，旧幕府軍の一部は抵抗を続け，1869年に箱館（函館）の【五稜郭】で降伏するまで戦いを続けた。
- 五榜の掲示では，【キリスト教】や一揆の禁止なども定められた。
- 廃藩置県により，中央集権政治の仕組みが確立した。
- 学制の公布によって各地に小学校をつくる方針が示されたが，人々に授業料の負担を強いるものであったため，学制に反対する一揆が起こった。
- 徴兵令では，満【20】歳以上の男子に3年間の兵役を課した。
- 地租改正により，土地所有者は地価の【3】%を【現金】で納めることになった。天候などに左右される，米などによる物納から，現金による納付となったことで，政府の財源が安定するようになった。

明治維新の諸改革によって，中央集権政治の仕組みができたんだね。

## 問題演習

### ゼッタイに押さえるべきポイント

□1868年から1869年まで，新政府軍と旧幕府軍の間で【戊辰戦争】が続いた。（芝中など）

□1868年1月，旧幕府軍は京都の【鳥羽・伏見の戦い】で敗れた。

□**戊辰戦争**のとき，【勝海舟】と【西郷隆盛】の交渉（こうしょう）によって，江戸城は無血開城された。（白百合学園中など）

□【五箇条の御誓文】は，明治天皇が神に誓（ちか）うという形で出された，明治政府の基本方針である。（東京農業大学第一中など）

□明治政府は，**五榜の掲示**によって，【キリスト】教を禁止した。

□【廃藩置県】によって中央から派遣された役人が政治をすることになり，中央集権政治の仕組みが整った。（雙葉中・東京都市大学付属中など）

□**徴兵令**を出し，満【20】歳以上の男子に【3】年間の兵役の義務を負わせた。（芝中・湘南白百合中・四天王寺中など）

□**地租改正**によって，土地所有者が地価の【3】%を【現金】で政府に納めることになった。（武蔵中・芝中など）

### 入試で差がつくポイント 解説➡p150

□学制の公布によって各地に小学校がつくられることになったが，当時は反対運動も起きた。この理由を，簡単に説明しなさい。

［例：児童が強制的に登校させられるようになると，農業の労働力を奪われることになるため。
例：学校費の負担が過剰であったため。］

□版籍奉還が実質的な政治改革にならなかった理由を，簡単に説明しなさい。

［例：旧大名がそのまま地元に残ったため，中央集権を実現できなかったから。］

# テーマ02 明治維新②・文明開化

## 要点をチェック

- 江戸時代の身分制度が廃止され，天皇の一族を**皇族**，公家や大名を**華族**，武士を**士族**，百姓や町人を**平民**とした。平民も異なる身分間での結婚や，職業選択の自由などが認められ，【四民平等】といわれる世の中になった。
- 政府は【富国強兵】を目指し，【殖産興業】をおし進めた。
- 蝦夷地を北海道と改称し，その開拓のため，札幌に【開拓使】という役所が置かれた。
- 西洋の社会制度や生活様式が取り入れられ，【文明開化】と呼ばれる風潮が広まった。**文明開化**は都市を中心に進んだ。
- 政府は**殖産興業**をおし進めるため，各地に【官営模範工場】を建設した。1872年に**フランス**の技術を導入してつくられ，世界文化遺産にも登録されている**群馬県**の【富岡製糸場】がその代表例である。
- **殖産興業**の一環として，1871年に**前島密**によって【郵便制度】が開始された。1872年には【新橋～横浜】間に鉄道が開通した。また，円・銭・厘を単位とする新しい貨幣制度もつくられた。
- 北海道の開拓は農民の他，失業した**士族**を【屯田兵】として派遣して行われた。**屯田兵**は農作業の他，ロシアに対する警備も行った。
- 日本は，**清**とは対等な【日清修好条規】を，**朝鮮**とは朝鮮にとって不平等な【日朝修好条規】を結んだ。
- **文明開化**によって牛肉やパンなどの洋食が広まった。新聞が発行され，ランプや【ガス灯】が使われるようになった。レンガ造りの建物がつくられ，人々が洋服を着るようになった。町を鉄道馬車が走り，【人力車】が用いられるようになった。これまでの太陰暦が【太陽暦】に改められ，24時間制や7曜日制が採用された。
- **福澤諭吉**は，人間の平等などを説いた「**学問のすゝめ**」を記した。
- 1871年，**岩倉具視**，**木戸孝允**，**大久保利通**，**伊藤博文**らが，不平等条約の改正交渉や欧米視察のため，欧米諸国に派遣された。
  →この使節団を【岩倉使節団】という。
- **津田梅子**は，**岩倉使節団**に同行して渡米し，帰国後は女子英学塾を開いた。

# 問題演習

## ゼッタイに押さえるべきポイント

□新しい国づくりをめざす**富国強兵**のスローガンのもと，【殖産興業】政策が進められ，近代的な産業を育てることが目指された。（本郷中など）

□群馬県の【富岡製糸場】は，明治時代に造られた官営模範工場の一つで，**世界文化遺産**に登録されている。（桜蔭中など）

□お雇い外国人の動物学者【モース】は，**大森貝塚**を発見した。（早稲田実業中等部・聖光学院中など）

□【福澤諭吉】が著した「**学問のすゝめ**」は，冒頭の文言「天は人の上に人をつくらず」の言葉が有名である。（聖光学院中など）

□2024年発行の5000円札の肖像画は，女子教育の発展につくした【津田梅子】である。（立教女学院中・湘南白百合中・西大和学園中など）

□1871年，日本は清との間で，互いに**領事裁判権**（治外法権）を認める対等な【日清修好条規】を結んだ。

□**江華島事件**を口実に，1876年，日本は朝鮮と【日朝修好条規】を結んだ。この条約は，朝鮮にとって不平等な内容だった。（早稲田中など）

## 入試で差がつくポイント 解説➡p150

□明治時代，富岡製糸場で生産された製品は，なぜ重要だったのか。その理由を簡単に説明しなさい。（明治大学付属明治中など）

［ 例：日本の良質な生糸は，重要な輸出品だったから。 ］

□岩倉使節団が派遣された目的を2つ書きなさい。（学習院中等科など）

［ 例：不平等条約の改正交渉
例：欧米の近代的な政治や産業の視察 ］

明治政府のスローガン（国の目標）は富国強兵と殖産興業だよ。

# テーマ03 自由民権運動と大日本帝国憲法①

## 年表でチェック

| 年 | おもなできごと |
|---|---|
| 1873年 | 【征韓論】に敗れた**西郷隆盛**や**板垣退助**らが政府を去る。 |
| 1874年 | **板垣退助**らが【民撰議院設立の建白書】を政府に提出する。<br>→国会の開設を要求する【自由民権運動】が始まる。 |
| 1877年 | **西郷隆盛**が鹿児島の**士族**におされて【西南戦争】を起こす。 |
| 1878年 | **大久保利通**が暗殺される。 |
| 1880年 | 国会の開設を求め，【国会期成同盟】が結成される。 |
| 1881年 | 政府が**国会開設の勅諭**を出し，1890年の国会開設を約束する。<br>**板垣退助**が【自由党】を結成する。 |
| 1882年 | **大隈重信**が【立憲改進党】を結成する。 |
| 1884年 | 埼玉県で【秩父事件】が起こる。 |

## 重要ポイントをチェック

- **征韓論**は武力にうったえてでも**朝鮮**を開国させようとする主張であった。
- **板垣退助**は高知に【立志社】，大阪に**愛国社**をつくり，**自由民権運動**を広く全国に呼びかけたが，政府はこの運動を厳しく取りしまった。
- 当時の政府は倒幕に中心的な役割を果たした**薩摩**・**長州**・**土佐**・**肥前**の各藩出身者が要職を独占しており，【藩閥政治】と批判された。

自由民権運動は藩閥政治への批判から始まったね。

- **四民平等**で武士としての特権を失った**士族**たちは政府への不満から各地で反乱を起こした。**西南戦争**は最大，最後の士族の反乱であった。
- **国会期成同盟**は**愛国社**の呼びかけで結成された。
- **自由党**はフランス流の急進的な自由主義を，**立憲改進党**はイギリス流の穏健な立憲君主制を主張した。
- **秩父事件**は生活に苦しむ農民たちが【困民党】を結成し，自由党員に指導されて借金の返済延期や税の減額などを求めて起こした騒動であったが，警察や軍隊によって鎮圧された。

## 問題演習

### ゼッタイに押さえるべきポイント

□明治六年の政変で政府を去った【板垣退助】は，1874年に民撰議院設立の建白書を政府に提出し，議会を早期に開設するよう求めた。

（学習院中等科など）

□1877年，征韓論に敗れて政府を去っていた【西郷隆盛】を中心として，鹿児島の不平士族らが西南戦争を起こした。

（渋谷教育学園渋谷中・桐朋中など）

□政府の中心人物として10年ほど活躍(かつやく)したが，1878年に暗殺された薩摩藩(さつまはん)出身の政治家は【大久保利通】である。（立教女学院中など）

□1880年，全国の自由民権運動の代表者が大阪に集まり，国会の開設を求める【国会期成同盟】を結成した。（市川中など）

□1881年，自由民権運動の高まりを受け，政府は10年後に国会を開くことを約束する【国会開設の勅諭】を出した。（渋谷教育学園渋谷中など）

□1881年，板垣退助はフランス流の【自由党】を結成した。

（高槻中・学習院女子中等科など）

□1882年，大隈重信(おおくましげのぶ)はイギリス流の【立憲改進党】を結成した。

（中央大学附属中など）

□1884年，埼玉県で生活に困った農民らが借金の返済延長などを求めて高利貸を襲撃(しゅうげき)する【秩父(ちちぶ)事件】が起こった。（ラ・サール中など）

□1879年，琉球藩(りゅうきゅうはん)が廃止され，沖縄県が設置されたことを【琉球処分】という。

### 入試で差がつくポイント 解説➡p150

□1884年に起こった秩父事件は，銃(じゅう)などで武装した数万人の農民らが政府の軍隊と衝突(しょうとつ)する事態となり，自由民権運動の中でも最大の事件であった。明治政府は，秩父事件を少数のならず者やばくち打ち，脱獄(だつごく)者が農民たちをそそのかして起こした事件であると発表した。政府がこのような発表をした理由を，簡単に説明しなさい。（麻布中など）

**ヒント** どのような事態になったら，政府が困るかを考えてみよう。

［例：少数の悪人が多数の庶民(しょみん)をそそのかして引き起こした事件であるとすることで，類似の激化事件が頻発することを防ごうと考えた。］

# テーマ04 自由民権運動と大日本帝国憲法②

## 年表でチェック

| 年 | おもなできごと |
|---|---|
| 1882年 | 【伊藤博文】をヨーロッパに派遣し，各国の憲法を調査させる。 |
| 1885年 | それまでの太政官制度を改め，新しく【内閣制度】をつくる。<br>→初代の内閣総理大臣には**伊藤博文**が就任する。 |
| 1888年 | **枢密院**を設置し，天皇臨席のもとで憲法草案の審議が行われる。 |
| 1889年 | 【大日本帝国憲法】が発布される。 |
| 1890年 | 第1回【衆議院】議員総選挙が行われる。<br>第1回【帝国議会】が召集される。 |

## 重要ポイントをチェック

- **伊藤博文**は帰国後，当時のヨーロッパで**君主権の最も強かった**【ドイツ（プロイセン）】の憲法を参考に，憲法の草案を作成した。
- 大日本帝国憲法は天皇が国民に与えるという形をとって発布された。

〈大日本帝国憲法の主な特色〉
- 天皇は神聖不可侵とされた。
- 主権は天皇にあった。
- 軍隊を指揮する権限（統帥権）は天皇にあった。
- 議会・内閣・裁判所は天皇を助けるものとされた。
- 国民の権利や自由は法律の範囲内で認められた。

- **衆議院**議員の選挙権は，直接国税を【15】円以上納めている満【25】歳以上の【男子】に限られており，その数は全人口の**1.1％**にすぎなかった。
- 帝国議会は【貴族院】と**衆議院**の二院制で，**衆議院議員**は選挙で選ばれた。
→**貴族院議員**は皇族，**華族**の他，天皇が任命する**勅選議員**など。
- **衆議院**では政府に反対する政党である【民党】が多数をしめ，**地租**の軽減などを求めて軍備を強化しようとする政府と激しく対立した。
- 1890年に発布された**教育勅語**によって，学校教育と国民の道徳に関する基本方針が示された。

## 問題演習

### ゼッタイに押さえるべきポイント

□1885年，憲法調査から帰国した【伊藤博文】は，**内閣制度**を創設し，初代の**内閣総理大臣**に就任した。
（志學館中・学習院中等科・昭和学院秀英中など）

□**大日本帝国憲法**は，君主権の強い【ドイツ（プロイセン）】の憲法を手本にして制定された。　（神戸海星女子中・城北中など）

□大日本帝国憲法における主権者は【天皇】である。　（市川中など）

□大日本帝国憲法で，国民は天皇の臣民（しんみん）とされ，【法律】の範囲内で言論・出版などの自由が認められた。

□第1回衆議院議院選挙では，**直接国税**を【15】円以上納める**満25歳以上の男子**にのみ選挙権が与えられた。　（市川中など）

□第1回衆議院議院選挙の後に開かれた【帝国議会】は，**衆議院**と**貴族院**の**二院制**であった。　（晃華学園中など）

□1890年に出された【教育勅語】では，天皇と国への「忠君愛国（ちゅうくんあいこく）」の道徳が示された。　（渋谷教育学園幕張中など）

### 入試で差がつくポイント　解説➡p150

□1880年代の政府は，どのような社会情勢の中で，どのような国家体制をめざしたのか。簡単に説明しなさい。　（桜蔭中など）

［例：自由民権運動が高まる中で，天皇の権限が強い憲法をつくり，議会をおさえて天皇中心の国家をめざした。］

□自由民権運動に関連して，次のア～エのできごとを年代の古い順に並べ替えなさい。　（学習院女子中等科など）

ア　大日本帝国憲法の発布
イ　第1回衆議院議員選挙の実施
ウ　民撰議院設立（みんせんぎいんせつりつ）の建白書の提出
エ　西南戦争（せいなんせんそう）の勃発（ぼっぱつ）

【ウ→エ→ア→イ】

# テーマ05 日清戦争・日露戦争

## 年表でチェック

| 年 | おもなできごと |
|---|---|
| 1894年 | 朝鮮半島で起こった**甲午農民戦争（東学党の乱）**をきっかけに【日清戦争】が起こる。 |
| 1895年 | **日清戦争**は日本の勝利に終わり，【下関条約】を結ぶ。<br>**ロシア**・フランス・ドイツによる【三国干渉】が起こる。 |
| 1900年 | **義和団事件**が起こる。 |
| 1902年 | **ロシア**の南下に対抗するため，【日英同盟】を結ぶ。 |
| 1904年 | 【日露戦争】が起こる。 |
| 1905年 | 【ポーツマス条約】を結び，**日露戦争**が終わる。 |

## 重要ポイントをチェック

**〈下関条約の主な内容〉**

- 清は朝鮮を独立国と認め，日本に【遼東半島】，台湾などをゆずる。
- 清は日本に賠償金2億両（約3億1000万円）を支払う。

- **日清戦争**で得た**賠償金**のほとんどは**軍事費**に使われた。
- **三国干渉**の結果，日本は**遼東半島**を清に**返還**し，追加の**賠償金**を得た。

**〈ポーツマス条約の主な内容〉**

- ロシアは朝鮮半島における日本の**優越権**を認める。
- ロシアは日本に**樺太の南半分**，**南満州**の鉄道の権利などをゆずる。

- **ポーツマス条約**はアメリカ大統領【ルーズベルト】の**仲介**で結ばれた。
- **ポーツマス条約**ではロシアから【賠償金】が得られなかったため，条約の内容に不満をもった人々が**日比谷焼き打ち事件**を起こした。
- 【与謝野晶子】は戦場にあった弟を心配する「君死にたまふことなかれ」という詩を発表し，日露戦争に反対した。

日清・日露戦争によって日本は，
朝鮮半島に勢力を伸ばしたよ。

## 問題演習

### ゼッタイに押さえるべきポイント

□1894年，朝鮮で起こった【甲午農民戦争（東学党の乱）】をきっかけとして，日清戦争が始まった。（穎明館中など）

□1895年に結ばれた日清戦争の講和条約である【下関】条約で，清は遼東半島や台湾などを日本に割譲（かつじょう）することなどが定められた。（江戸川学園取手中など）

□ロシア・フランス・ドイツによる【三国干渉】によって，日本は清に遼東半島を返還した。（フェリス女学院中など）

□1900年，扶清滅洋（ふしんめつよう）を唱える集団によって，北京（ペキン）の外国公使館が取り囲まれ，列強8か国によって鎮圧（ちんあつ）された事件を【義和団事件】という。

□1902年，ロシアのアジアへの進出を警戒（けいかい）したイギリスは，日本と【日英同盟】を結び，連携（れんけい）を強化した。（栄東中など）

□1904年に日露戦争が始まると，歌人の【与謝野晶子（よさのあきこ）】は，雑誌『明星（みょうじょう）』に出征（しゅっせい）した弟を思う「君死にたまふ（う）ことなかれ」の詩を発表した。（横浜雙葉中など）

□日露戦争の講和条約は，アメリカの【ルーズベルト】大統領の仲介によりアメリカで結ばれたことから，ポーツマス条約と呼ばれる。（鎌倉学園中など）

□ポーツマス条約で，日本はロシアから旅順（りょじゅん）や大連（だいれん）の租借権（そしゃくけん）や北緯50度以南の【樺太（からふと）】を得た。（城北中・逗子開成中など）

□ポーツマス条約で，ロシアから賠償金が得られないことがわかると，東京では【日比谷（ひびや）焼き打ち事件】などの暴動（ぼうどう）が発生した。（穎明館中など）

### 入試で差がつくポイント 解説→p150

□次のア～ウのできごとを時代順に並べ替えなさい。（フェリス女学院中など）

ア　清が朝鮮の独立を認める。
イ　朝鮮で，国内の改革と外国勢力の撤退（てったい）を求める農民の反乱が起こる。
ウ　ロシア・フランス・ドイツが，日本に遼東半島の返還を求める。

【イ→ア→ウ】

テーマ06

# 明治時代の外交・条約改正

## 年表でチェック

| 年 | おもなできごと |
|---|---|
| 1871年 | 日清修好条規を結ぶ。<br>**岩倉具視**を全権大使とする外交使節団を欧米に派遣する。 |
| 1876年 | 日朝修好条規を結ぶ。 |
| 1883年 | **井上馨**が東京に【鹿鳴館】を建てて舞踏会を開き，日本も文明国であることを欧米諸国に示そうとする。 |
| 1886年 | 【ノルマントン号事件】が起こり，不平等条約改正を求める国民の声が高まる。 |
| 1894年 | **日清戦争**の直前に外務大臣の【陸奥宗光】が**イギリス**と交渉して，【領事裁判権（治外法権）】の撤廃に成功する。 |
| 1910年 | 日本が【韓国併合】を行う。<br>→**朝鮮総督府**が設置される。 |
| 1911年 | 外務大臣の【小村寿太郎】が**アメリカ**と交渉し，【関税自主権】の回復に成功する。 |

## 重要ポイントをチェック

- 不平等条約改正を目指して，【欧化政策】が進められた。
- **ノルマントン号事件**は紀伊半島沖でイギリス船ノルマントン号が沈没したとき，イギリス人船長が日本人乗客を救助せず見殺しにした事件。
- 朝鮮は1897年に国号を**大韓帝国**（韓国）と改めた。**日露戦争**後，日本は韓国を保護国とし，**漢城**（現在のソウル）に**統監府**を置いて**伊藤博文**を初代統監とした。1909年に**伊藤博文**は満州のハルビンで韓国の【安重根】によって暗殺された。

条約改正の流れはよく主題されるから，
年号とともにしっかり覚えておこう。

# 問題演習

## ゼッタイに押さえるべきポイント

□外務卿(がいむきょう)の井上馨は，【鹿鳴館】で舞踏会を開くなどの欧化(おうか)政策を進めた。
（逗子開成中など）

□1886年に和歌山県沖で【ノルマントン号】が沈没する事件が起こると，イギリス人船長を日本の法律で裁けないことから，領事裁判権の撤廃(てっぱい)を求める声が高まった。
（鷗友学園女子中など）

□1894年，日清戦争の直前に，外務大臣の【陸奥宗光】は，イギリスとの間で領事裁判権の撤廃に成功した。
（渋谷教育学園渋谷中など）

□1911年，外務大臣の【小村寿太郎】は，アメリカとの間で関税自主権の完全回復に成功した。
（開智中・渋谷教育学園渋谷中など）

□安重根によって暗殺された初代韓国統監は【伊藤博文】である。
（早稲田大学高等学院中学部など）

□日本は，1910年に【韓国併合】を行い，韓国全部に関する一切の統治権を日本に譲(ゆず)り渡すよう求め，朝鮮総督府を設置した。
（聖光学院中・逗子開成中など）

## 入試で差がつくポイント 解説➡p150

□関税自主権がないことが，日本の産業にとって負担になっていた理由を，簡単に説明しなさい。
（開智中など）

［例：外国の安い輸入品が，国内に大量に流通したため，国内の製品が売れにくくなっていたから。］

□ノルマントン号事件の内容と，ノルマントン号事件が社会に与えた影響について，簡単に説明しなさい。
（桐朋中など）

［例：ノルマントン号の沈没時に，イギリス人の船長は日本人を救助しなかったのに，軽い罰を受けただけで済んだため，日本の世論は領事裁判権の撤廃を求めるようになった。］

# テーマ07 明治時代の産業・文化

## 要点をチェック

### 〈産業の発達〉

**日清戦争前後**

- 綿糸や生糸の生産を中心とする【軽工業】が発達→日本の【産業革命】の始まり。
- 1901年：官営の【八幡製鉄所】が操業を開始。
  ➡建設費の一部には日清戦争の賠償金が使われた。
- 【足尾銅山鉱毒事件】などの公害問題の発生。

**日露戦争後**

- 製鉄，造船，機械などの【重工業】が発達。

### 〈明治時代の文化〉

**文芸**
- 坪内逍遙…『小説神髄』
- 【夏目漱石】…『坊っちゃん』
- 【森鷗外】…『舞姫』
- 樋口一葉…『たけくらべ』

**科学**
- 【北里柴三郎】…ペスト菌の発見
- 志賀潔…赤痢菌の発見
- 【野口英世】…黄熱病の研究

**思想**
- 福澤諭吉…『学問のすゝめ』
  欧米へ渡り，『西洋事情』を著す

人間の平等と学問の大切さを説いた。

**美術**
- フェノロサ（アメリカ人）…日本美術の復興
- 【岡倉天心】…フェノロサとともに東京美術学校を設立

## 重要ポイントをチェック

- 産業革命は手工業から機械工業への変化のこと。18世紀の後半にイギリスで始まった。
- 八幡製鉄所は現在の【北九州工業地帯（地域）】の基礎となった。
- 産業革命が進むと，家族や同族の支配のもとで，金融などを中心にさまざまな分野に影響をもち，政府とも結び付いた企業集団である【財閥】が現れた。
- 足尾銅山鉱毒事件は栃木県の足尾銅山から出た鉱毒が渡良瀬川を汚染し，流域に大きな被害が出た事件。地元選出の衆議院議員であった【田中正造】は，事件の解決に努力し，天皇に直訴しようとしたがはばまれた。

日清戦争前後に軽工業が，日露戦争後に重工業が発達したよ。

## 問題演習

### ゼッタイに押さえるべきポイント

□1880年代後半になると，日本は綿糸を作る紡績業や【生糸】を作る製糸業など，軽工業を中心に産業革命が起こった。（吉祥女子中など）

□日清戦争で得た賠償金をもとに建設された【八幡製鉄所】は，筑豊炭田に近い北九州の地に造られた。（東京都市大学付属中・横浜共立学園中など）

□2024年発行の1万円札の肖像画は，数多くの企業の設立に携わった【渋沢栄一】である。できたらスゴイ!（大阪星光学院中・栄光学園中など）

□産業革命の進展とともに，三井・三菱などの資本家は，金融などさまざまな分野に進出し，日本の経済を支配する【財閥】に成長した。（芝中など）

□足尾銅山鉱毒事件では，衆議院議員の【田中正造】が，足尾銅山の操業停止と被害にあった渡良瀬川流域の人々の救済を国会でうったえた。（桐蔭学園中・開成中など）

□1872年に始まった学制により，日本各地に小学校が建設され，1907年には義務教育の期間が【6】年に延長された。できたらスゴイ!（東京学芸大学附属世田谷中など）

□2024年発行の千円札の肖像画は，ペスト菌を発見した【北里柴三郎】である。（香蘭女学校中など）

### 入試で差がつくポイント 解説➡p150

□明治政府が八幡製鉄所をつくり，鉄鋼の生産を増やそうとした理由を，簡単に説明しなさい。（桐蔭学園中など）

［ 例：日本の重工業を発展させるため。 ］

□繊維工業の機械化にともない，それまで主要な輸入品目だったものが，1897年には輸出量が輸入量を上回り，生糸に次ぐ輸出品目となった。この品目は何か答えなさい。（巣鴨中など）

ヒント 紡績業で作られる。

【綿糸】

# テーマ08 第一次世界大戦

## 年表でチェック

| 年 | おもなできごと |
|---|---|
| 1914年 | バルカン半島の**サラエボ**で起きた事件をきっかけにヨーロッパ諸国が同盟国と連合国に分かれ，【第一次世界大戦】が始まる。<br>同盟国…ドイツ，オーストリア，トルコなど。<br>連合国…イギリス，フランス，ロシア，イタリアなど。<br>日本は【日英同盟】を口実に連合国側に立って参戦する。 |
| 1915年 | 日本が中国に対して【二十一か条の要求】を出す。 |
| 1917年 | 【アメリカ】が連合国側に立って参戦する。<br>【ロシア革命】が起こり，レーニンが指導者となる。ロシアが戦線からはなれる。<br>→【シベリア出兵】が行われる。 |
| 1918年 | ドイツが降伏し，**第一次世界大戦**が終わる。 |
| 1919年 | 【ベルサイユ条約】が結ばれる。 |

## 重要ポイントをチェック

- 1911年の【辛亥革命】で清がたおされ，翌年に**中華民国**が成立した。
- 連合国側に立って参戦した日本は，中国国内のドイツ領青島や太平洋のドイツ領南洋諸島を攻撃し，占領した。

**〈二十一か条の要求の主な内容〉**

- 中国はドイツが山東省に持っている権益を日本にゆずる。
- 旅順，大連の租借権と南満州の鉄道などの権利の期限を99年間延長する。

- ドイツが，**無制限潜水艦作戦**を行ったこと，メキシコに対してドイツ側についての参戦をもちかけたことなどにより，アメリカは連合国側に立って参戦した。
- **ロシア革命**は労働者や農民，兵士たちによって起こされた。その後，レーニンの指導のもとで，【社会主義】を唱える世界で最初の政府がつくられた。

# 問題演習

## ゼッタイに押さえるべきポイント

□20世紀初頭の【バルカン半島】は，さまざまな火種を抱えていたことから「ヨーロッパの火薬庫」と呼ばれていた。

□1914年，オーストリアの皇太子（こうたいし）夫妻が，【サラエボ】でセルビア人の青年に暗殺されたことから第一次世界大戦が始まった。
（早稲田実業中等部・晃華学園中など）

□第一次世界大戦は，ドイツやオーストリアを中心とする**同盟国**と，イギリス，【フランス】やロシアを中心とする**連合国（協商国）**とに分かれて戦われた。
（吉祥女子中など）

□日本は，【日英同盟】を理由に，連合国側に立って参戦し，中国の**山東省**などに出兵した。
（江戸川学園取手中など）

□1917年に，【ドイツ】の**無制限潜水艦作戦**でアメリカ人に被害が出たことなどから，アメリカが連合国側に立って参戦した。

□第一次世界大戦のさなか，ロシアでは革命が起こり，社会主義者【レーニン】の指導のもとで世界初の社会主義政府が誕生した。（頌栄女子学院中など）

□イギリスや日本などは，社会主義の拡大を防ぐため，【シベリア出兵】を行い，軍事的干渉（かんしょう）を試みた。
（逗子開成中など）

□第一次世界大戦の影響（えいきょう）で欧米（おうべい）のアジアへの関心が薄（うす）れると，1915年，日本は中国に対して【二十一か条の要求】を示し，権益拡大をはかった。
（城北中・昭和学院秀英中など）

□1919年に締結（ていけつ）された第一次世界大戦の講和条約を【ベルサイユ条約】という。この条約で，日本は山東省や南洋諸島の権益をドイツから引き継（つ）いだ。
（早稲田大学高等学院中学部など）

## 入試で差がつくポイント 解説➡p150

□日本が二十一か条の要求を中国に示したときの，中国の国名を答えなさい。
（明治大学付属明治中など）

**ヒント** 1911年の辛亥（しんがい）革命により誕生した国を答える。

【中華民国】

# テーマ09 第一次世界大戦の影響

## 要点をチェック

**〈第一次世界大戦の日本への影響〉**

- ヨーロッパが戦場となった結果，日本から**アジアなどへの輸出額が大きくのび**，日本の景気がよくなった。（**大戦景気**）➡【成金】の出現。
- **大戦景気**による物価の上昇と【シベリア出兵】をみこした米の買い占めのため，米の値段が急に上がった。➡【米騒動】の発生。
- 大戦が終わり，ヨーロッパ各国の生産が回復すると日本の輸出額が減少し，日本は一転して不景気となった。
  ➡1923年の【関東大震災】が不景気を一層深刻なものにした。

**〈高まる社会運動〉**

- **ロシア革命**や**米騒動**の影響を受け，さまざまな社会運動が起こった。都市部では賃上げなどを要求する**労働争議**が，農村部では小作料の引き下げなどを要求する**小作争議**がさかんになった。
- 女性の権利の拡大を求める運動がさかんになり，【平塚らいてう】や**市川房枝**らが活躍した。
- 1922年には【全国水平社】が結成され，偏見や差別をなくすことを目ざす**部落解放運動**が全国に広がった。

## 重要ポイントをチェック

- **成金**は**大戦景気**によって，にわかに金持ちになった人々のこと。
- **シベリア出兵**は**ロシア革命**による**社会主義**の広まりをおそれ，1918年に日本，アメリカ，イギリス，フランスなどがシベリア（ロシアのアジア側）に軍隊を送ったできごと。
- **米騒動**は1918年に【富山県】の漁村の主婦たちから始まった米の安売りを求める暴動で全国に広まり，これをおさえるために軍隊が出動した。
- **平塚らいてう**は雑誌「【青鞜】」を創刊し，女性の自立を訴えた。

**第一次世界大戦中に日本の工業生産が大きくのび，輸出が拡大したよ。**

## 問題演習

### ゼッタイに押さえるべきポイント

□第一次世界大戦によって，日本がアジアなどへの輸出を伸ばして大戦景気となり，造船などで財を築いた人々が【成金】と呼ばれた。（白百合学園中など）

□日本に**社会運動**が広まる中で，農村部では，小作料の引き下げなどを要求する【小作争議】がさかんに起こった。

□1911年，雑誌「青鞜」を発刊し，「元始，女性は実に太陽であった」と宣言したのは，【平塚らいてう（平塚雷鳥）】である。（攻玉社中など）

□奥むめおらとともに新婦人協会を設立し，後に参議院議員として20年以上活動した女性は，【市川房枝】である。（湘南白百合中・立教女学院中など）

□1922年，職業や結婚などで差別を受け続けた人々は，京都で【全国水平社】を結成した。（雙葉中など）

□1923年【9月1日】，**関東大震災**が起こり，死者・行方不明者合わせて10万人以上の未曾有の大惨事となった。（白百合学園中など）

### 入試で差がつくポイント 解説→p150

□1918年ごろに，米の値段が大きく上昇した理由を，簡単に説明しなさい。

**ヒント** 第一次世界大戦やシベリア出兵がどのように影響したのか考えよう。

［例：大戦景気によって物価が上昇し，さらにシベリア出兵をみこした米の買い占めが行われたため。］

□次のア～エのできごとを，年代の古い順に並び替えなさい。

ア　富山県の漁村の主婦たちが米の安売りを求め，米騒動が起こる。

イ　ロシア革命による社会主義の広まりをおそれた国々が，ロシアに軍隊を送る。

ウ　関東大震災がおき，東京などが大きな被害を受ける。

エ　全国水平社が結成される。

【ア→イ→エ→ウ】

# テーマ10 戦間期の国際政治

## 年表でチェック

| 年 | おもなできごと |
|---|---|
| 1919年 | 朝鮮半島で【三・一独立運動】が起こる。<br>中国で【五・四運動】が起こる。<br>ドイツで世界で初めて社会権（生存権）を保障した【ワイマール憲法】が制定される。 |
| 1920年 | アメリカ大統領【ウィルソン】の提案により，世界平和と国際協調のための国際組織として【国際連盟】が発足する。 |
| 1921年 | アメリカで【ワシントン会議】が開かれる。 |
| 1922年 | ソビエト政府（革命政府）により,【ソビエト社会主義共和国連邦（ソ連）】が成立する。 |

## 重要ポイントをチェック

- **三・一独立運動**は京城（現在のソウル）から朝鮮半島全土へと広がったが，日本はこの運動を厳しく弾圧した。
- **五・四運動**は北京の学生デモから始まった激しい反日運動で，**ベルサイユ条約への調印拒否を求めた。**（中国は調印を拒否した）
- 国際連盟の本部はスイスのジュネーブに置かれ，【新渡戸稲造】が事務局次長として活躍した。議会の反対により**アメリカは加盟せず**，ソ連とドイツは加盟を拒否された。ソ連とドイツはのちに加盟した。
- **ワシントン会議**は海軍の軍縮と太平洋・極東問題をテーマとして開かれ，【日英同盟】の解消や中国の主権尊重，中国における門戸開放と各国の経済上の機会均等，列強の海軍主力艦の保有制限などを取り決めた**ワシントン海軍軍縮条約**が結ばれた。

**ベルサイユ条約とワシントン会議によって，新しい国際秩序が形成されたよ。**

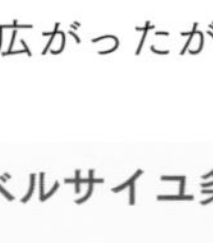

## 問題演習

### ゼッタイに押さえるべきポイント

□1919年，世界で初めて社会権（生存権）を保障する【ワイマール憲法】がドイツで制定された。（鎌倉学園中など）

□1919年，パリ講和会議で日本の山東省の権益が認められると，北京で学生を中心とする抗議行動が起こり，【五・四運動】と呼ばれる全国的な運動へと発展した。（昭和学院秀英中など）

□パリ講和会議において，アメリカ大統領【ウィルソン】は，民族自決の考えを呼びかけ，国際連盟の創設を提案した。（公文国際学園中等部など）

□1919年，民族自決の考えに刺激を受けた朝鮮では，日本からの独立を求めて「独立万歳」と叫ぶ【三・一独立運動】が起こった。（浦和明の星女子中など）

□1921年から1922年にかけて，アメリカの呼びかけでワシントン会議が開かれ，海軍の軍備を制限する【ワシントン海軍軍縮条約】が結ばれた。（昭和学院秀英中など）

□ワシントン会議では，日本とイギリスの間で結ばれていた【日英同盟】が解消された。また，日本はドイツから引き継いだ山東省の権益を中国へ返還した。

□1922年，各国の干渉を退けたソビエト政府（革命政府）により，【ソビエト社会主義共和国連邦（ソ連）】が成立した。（頌栄女子学院中など）

### 入試で差がつくポイント 解説➡p151

□国際連合は国際連盟の反省をふまえて成立した。国際連盟の問題点を2つあげて，簡単に説明しなさい。（昭和学院秀英中など）

ヒント どの国が加盟した・しなかったや，議決のルールなどに注目しよう。

例：ソ連やドイツが当初は加盟できず，大国のアメリカが不参加だった点
例：全会一致で決定したため，意思決定が遅かった点
例：経済制裁以外の制裁方法がなかった点
※これらから2つ

# テーマ11 大正デモクラシー

## 年表でチェック

| 年 | おもなできごと |
|---|---|
| 1912年 | 【護憲運動】が始まる。→【尾崎行雄】や犬養毅らが中心。 |
| 1916年 | 【吉野作造】が【民本主義】を唱える。<br>→天皇主権の下での国民の政治参加を主張した。 |
| 1918年 | 米騒動の責任を取って，内閣が退陣する。<br>→**立憲政友会**総裁の【原敬】が日本で最初の本格的な**政党内閣**（衆議院で多数を占めた政党による内閣）を組織する。 |
| 1925年 | 【普通選挙法】と【治安維持法】が同時に成立する。 |

## 重要ポイントをチェック

- **護憲運動**は**藩閥政治**に反対し，立憲政治を守ろうとする運動。**尾崎行雄**は「憲政の神様」と呼ばれた。
- 大正時代の自由や民主主義を求める風潮を【大正デモクラシー】といい，**政党内閣**や**普通選挙**（納税額で選挙権を制限しないこと）の実現などを要求した。**吉野作造**の**民本主義**は**大正デモクラシー**の柱となった。

政党内閣の成立と普通選挙法の制定により国民の政治参加が進んだよ。


- **普通選挙法**の成立によって，満【25】歳以上のすべての【男子】に選挙権が与えられた。**治安維持法**は共産主義運動などの反政府運動の取り締まりを目的に制定された。有権者が国民の全体の約20%になった。

**〈大正時代の文化の特色〉**

- 1925年に【ラジオ放送】が始まり，重要な情報源となった。
- 大部数の新聞や雑誌の発行，トーキーと呼ばれた有声映画や歌謡曲のレコードの流行など，文化の大衆化が進んだ。
- タイピストや電話交換手など，職業をもつ女性も現れた。
- 都市生活の近代化や洋風化が進んだ（ガス，電気，水道，洋装など）。

## 問題演習

### ゼッタイに押さえるべきポイント

□政治学者の【吉野作造】は，民本主義を唱え，政治に民衆の考えを反映していくべきであると主張し，大正デモクラシーの動きの中心となった。
（鎌倉女学院中・横浜共立学園中など）

□法学者の美濃部達吉は，【天皇機関説】を唱え，天皇といえども憲法にしばられるという解釈をとり，天皇は国家の最高機関として，憲法に従って統治するべきと主張した。できたらスゴイ!
（昭和学院秀英中・淑徳与野中など）

□大正時代に，民本主義などの考え方により，民主主義的な考え方が広がったことを【大正デモクラシー】という。

□「平民宰相」と呼ばれた【原敬】首相のとき，衆議院第一党の党員が内閣の大部分を組織する，本格的な【政党内閣】が成立した。
（早稲田実業中等部など）

□1925年，【加藤高明】内閣は，満25歳以上の男子に選挙権を認める普通選挙法を制定した。できたらスゴイ!
（世田谷学園中など）

□1925年，普通選挙法と同時に社会主義（共産主義）の動きを取り締まるため，【治安維持法】が制定された。
（横浜共立学園中など）

□1925年，東京や大阪，名古屋で【ラジオ放送】が始まり，人々の情報源となった。

### 入試で差がつくポイント 解説➡p151

□藩閥政治と政党政治の違いについて，簡単に説明しなさい。

［例：薩摩藩や長州藩など明治維新の中心となった藩の出身者ばかりが政治の実権を握った藩閥政治に対して，政党政治は選挙によって衆議院第一党となった政党が中心となる政治である。］

□大正時代の文化の特色について説明した文章として誤っているものを，次のア～ウから1つ選びなさい。

ア　大部数の新聞や雑誌の発行が行われるなど，文化の大衆化が進んだ。
イ　テレビ放送が始まり，テレビが人々の娯楽の中心になった。
ウ　タイピストや電話交換手の職業につく女性が現れた。

【イ】

# テーマ12 世界恐慌とファシズム

## 年表でチェック

| 年 | おもなできごと |
|---|---|
| 1923年 | 【関東大震災】が発生し，日本経済が大きな打撃を受ける。 |
| 1927年 | 多くの銀行が休業，倒産する金融恐慌が起こる。 |
| 1929年 | アメリカのニューヨークで株価が大暴落する。<br>→世界経済が混乱し，【世界恐慌】へと発展する。 |

## 重要ポイントをチェック

- **世界恐慌**は，**第一次世界大戦**後の不景気で苦しんでいた日本経済にさらなる打撃をあたえ，不景気は一層深刻となった（**昭和恐慌**）。国民生活が苦しくなる中，**労働争議**や**小作争議**は激しさを増した。
- 不景気で国民が苦しんでいたとき，三井・三菱・住友・安田などの【財閥】は，倒産した企業を合併し，強大な経済力を持つようになった。
- 財閥が献金によって政党との結びつきを強めた結果，財閥の利益のみを考えた政治が行われるようになり，国民の間に財閥や政党政治に対する不満が高まっていった。

| | | |
|---|---|---|
| 恐慌への対応 | アメリカ | **ニューディール（新規まき直し）政策**（公共事業による雇用の拡大などを目指した。） |
| | イギリス<br>フランス | **ブロック経済**（本国と植民地との関係を密接にして貿易を拡大し，高い関税をかけて外国商品をしめ出す政策。） |
| | イタリア<br>ドイツ | 【ファシズム】勢力による独裁（外国への侵略などで不景気の打開を図った。）<br>イタリアは**ムッソリーニ**，ドイツは**ヒトラー**の独裁体制。<br>ドイツでは，1933年，ヒトラー率いる**ナチ党(ナチス)**が政権を獲得。 |
| | ソ連 | **五か年計画**（計画経済）により，**恐慌の影響を受けず**。<br>→農業の集団化や機械化，重工業を中心とする工業の発展。 |

- **ファシズム**は民主主義や自由主義に反する全体主義体制のこと。1920年代にイタリアで始まり，1930年代には不景気に苦しむドイツや【日本】などでも広がった。

## 問題演習

### ゼッタイに押さえるべきポイント

□1929年，アメリカの【ニューヨーク】で株価が大暴落し，株式市場のあるウォール街に混乱が広がった。（早稲田実業中等部など）

□世界恐慌に対応するため，【イギリス】やフランスは，本国と植民地の関係を密接にし，それ以外の国の商品をしめだすブロック経済を行った。（聖光学院中など）

□アメリカは，ルーズベルト（ローズベルト）大統領のもと，新規まき直しとも呼ばれる【ニューディール】政策を行い，積極的に公共事業をおこした。

□1933年，ドイツでは，ヒトラー率いる【ナチ党（ナチス）】が民衆の支持を得て政権をにぎった。（浦和明の星女子中など）

□ソ連はスターリンの指導のもと【五か年計画】と呼ばれた計画経済を進めていたため，世界恐慌の影響をほとんど受けなかった。

□世界恐慌の影響は1930年になって日本にも及び，【昭和恐慌】と呼ばれる不況が発生し，失業者が増加した。（晃華学園中・淑徳与野中など）

### 入試で差がつくポイント 解説➡p151

□1920年代のアメリカは好景気となり，経済的に豊かになる人が多かった。一方で，貧しい人々は経済的な繁栄（はんえい）の恩恵（おんけい）を十分に受けられなかった。その理由を，「賃金」「物価」という言葉を使って，簡単に説明しなさい。（聖光学院中など）

［例：好景気による物価の上昇に，賃金の上昇が追いつかなかったから。］

□日本の重要な輸出産業であった製糸業が，1930年代はじめに急速に衰退（すいたい）した理由を，簡単に説明しなさい。（晃華学園中など）

［例：世界恐慌の影響で，アメリカへの生糸の輸出が激減したから。］

# テーマ13 満州事変

## 年表でチェック

| 年 | おもなできごと |
|---|---|
| 1931年 | **柳条湖事件**をきっかけに【満州事変】が起こる。 |
| 1932年 | 日本が【満州国】の独立を宣言する。<br>海軍青年将校が犬養毅首相を暗殺する【五・一五事件】が起こる。 |
| 1933年 | 日本が【国際連盟】を脱退する。 |
| 1936年 | 陸軍青年将校が首相官邸などを占拠する【二・二六事件】が起こる。 |

## 重要ポイントをチェック

- 満州（中国の東北部）にいた日本の軍隊（関東軍）は，日本が満州に持っていた権益を守るため，満州の中国からの分離を主張した。
- **柳条湖事件**は関東軍が奉天郊外で**南満州鉄道**（ポーツマス条約で得た鉄道利権をもとにつくられた会社が所有していた鉄道）の線路を爆破し，これを中国軍のしわざであるとして軍事行動を開始したできごと。日本軍は戦火を拡大し，満州全土を占領した。これを**満州事変**という。
- **満州国**は清朝最後の皇帝**溥儀**を元首として建国されたが，その実権は日本の軍部や役人ににぎられていた。
- **五・一五事件**は政党政治に不満を持つ海軍の将校らが首相の【犬養毅】を暗殺した事件。この事件により**政党政治**が終わった。
- 中国は日本の満州での行為は侵略であるとして**国際連盟**へ訴えた。**国際連盟**は【リットン調査団】を満州へ派遣した。調査の結果，**国際連盟**は満州国を承認せず，日本軍の引き上げを勧告した。これを不服とした日本は**国際連盟**から脱退し，以後，国際社会の中で孤立するようになった。

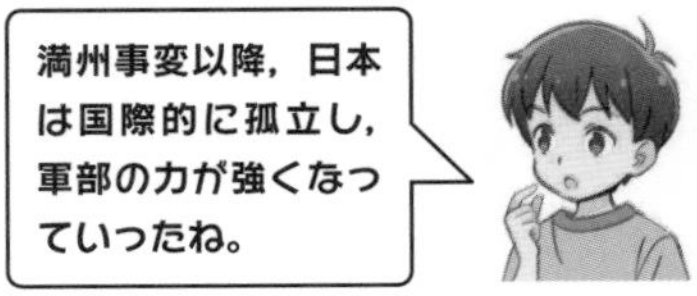

満州事変以降，日本は国際的に孤立し，軍部の力が強くなっていったね。

- **二・二六事件**は一部の陸軍の青年将校らが首相官邸などを襲撃し，一時，東京の中心部を占領した事件。この事件以後，軍部の政治に対する発言力が増し，軍部の支持なしで内閣を組織することができなくなった。

# 問題演習

## ゼッタイに押さえるべきポイント

□1931年，関東軍は奉天郊外の柳条湖で南満州鉄道の線路を爆破し，柳条湖事件を起こした。これを機に【満州事変】と呼ばれる軍事行動を開始した。
（開智中など）

□1932年，関東軍により，【満州国】の建国が宣言され，清朝の最後の皇帝溥儀（ふぎ）が即位（そくい）した。
（浦和明の星女子中など）

□国際連盟は，【リットン調査団】の報告に基づき，日本に対して満州からの軍隊引き上げを勧告し，これに反発した日本は，国際連盟を脱退した。
（芝中など）

□1932年，海軍の青年将校らによって，【犬養毅】首相が暗殺される五・一五事件が起こり，政党政治が途絶えた。
（広尾学園中・晃華学園中など）

□1936年，陸軍の青年将校らによって，首相官邸や国会議事堂周辺など東京の中心部が占拠される【二・二六事件】が起こった。
（立命館守山中・開智中など）

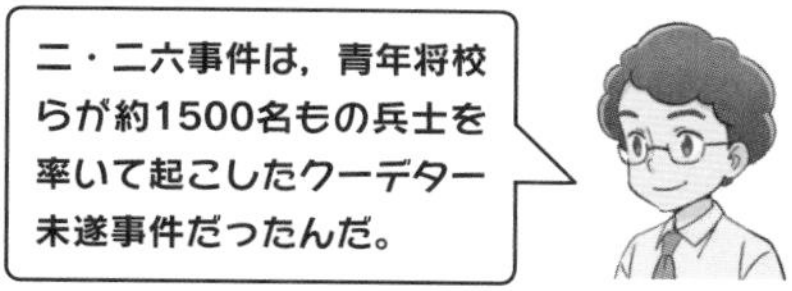

二・二六事件は，青年将校らが約1500名もの兵士を率いて起こしたクーデター未遂事件だったんだ。


## 入試で差がつくポイント 解説➡p151

□満州事変の前後に起こった次のア～エのできごとを，年代の古い順に並べ替えなさい。
（晃華学園中など）

ア　南満州鉄道が爆破される，柳条湖事件が起こる。
イ　昭和恐慌が起こり，失業者が増加する。
ウ　ニューヨークのウォール街で株価が大暴落（ぼうらく）する。
エ　犬養毅首相が暗殺され，政党政治が終了する。

【ウ→イ→ア→エ】

□1933年に日本が国際連盟を脱退した理由を，簡単に説明しなさい。
（鷗友学園女子中など）

［　例：1932年に建国された満州国が認められなかったため。　］

# テーマ14 日中戦争・第二次世界大戦①

## 年表でチェック

| 年 | おもなできごと |
|---|---|
| 1937年 | **盧溝橋事件**をきっかけに【**日中戦争**】が始まる。 |
| 1938年 | 戦時体制の強化を目的に【**国家総動員法**】が制定される。 |
| 1939年 | ヨーロッパで【**第二次世界大戦**】が始まる。 |
| 1940年 | 日本がドイツ，イタリアと【**日独伊三国同盟**】を結ぶ。<br>国民を戦争に協力させるため，【**大政翼賛会**】が組織される。 |
| 1941年 | 日本がソ連と【**日ソ中立条約**】を結ぶ。 |

## 重要ポイントをチェック

- **盧溝橋事件**は北京郊外の盧溝橋付近で起きた日中両軍の武力衝突で，その後，宣戦布告のないまま**日中戦争**が始まった。日中戦争は解決の糸口が見えないまま長期化していった。
- **国家総動員法**は戦争に必要な物資や労働力を議会の承認なしに戦争に動員できるようにした法律。食料，衣服，医薬品などの生活必需品も政府の統制下におかれるようになった。やがて，さまざまなものが**配給制**となる。
- **第二次世界大戦**は**ヒトラー**の率いるドイツがポーランドへ侵攻したことをきっかけに，イギリス，フランスがドイツに宣戦布告して始まった。その後，イタリアがドイツ側について参戦した。
- **日独伊三国同盟**は三国が他国から攻撃を受けた場合，たがいに助け合うことを協定したもので，アメリカを仮想敵国としていたため，アメリカの反発をまねいた。
- **大政翼賛会**にはほとんどの政党や団体が解散して合流し，すべての国民が戦争に協力する「挙国一致」の体制がつくられた。
- **日ソ中立条約**で北方の安全を確保した日本は，石油やゴムなどの資源を求めて，東南アジアのフランス領インドシナなどを占領した。
- 日本がフランス領の**インドシナ南部**を占領したため，アメリカは日本に対して**石油の輸出を全面禁止**した。

**日中戦争が長引くなかで，戦時体制が強化されていった流れを押さえておこうね。**

## 問題演習

### ゼッタイに押さえるべきポイント

□1937年，北京郊外の【盧溝橋】での日中両軍の武力衝突をきっかけに，**日中戦争**が始まった。（城北中など）

□中国では，**蔣介石**（しょうかいせき）率いる**中国国民党**と【毛沢東】（もうたくとう）率いる**中国共産党**が，日本との戦争のために協力し合うことを決め，**抗日民族統一戦線**を結成した。（江戸川学園取手中など）

□1937年末，日本軍は開戦当時の中国の首都【南京】を占領した。（雙葉中など）

□日中戦争が長期化するなか，日本は1938年に【国家総動員法】を制定し，政府は議会の承認なしに，国の経済や国民生活を統制できるようにした。（横浜雙葉中など）

□1940年，ほとんどの政党が解散して，【大政翼賛会】という戦争に協力するための組織に合流した。（逗子開成中・晃華学園中など）

□1939年，ドイツの【ポーランド】侵攻から，**第二次世界大戦**が始まった。

□1940年，日本はドイツ・イタリアと【日独伊三国同盟】を結び，連携（れんけい）を強化した。（逗子開成中など）

□日本はソ連と【日ソ中立条約】を結び，本格的に東南アジア方面への進出をし始めた。（東海中など）

□物資が不足すると，食糧（しょくりょう）や衣料品の価格・数量を政府が管理し，国民は決められた場所でそれらを入手した。これを【配給制】という。（晃華学園中など）

□日本がフランス領インドシナの南部へ軍を進めたため，アメリカは日本への【石油】の輸出を禁止した。（市川中・フェリス女学院中など）

### 入試で差がつくポイント 解説➡p151

□次の①～④のできごとが起きた場所を，右の地図中のア～エからそれぞれ選びなさい。

① 柳条湖事件

② 盧溝橋事件

③ 日本軍による南京の占領

④ 日本軍によるフランス領インドシナの占領

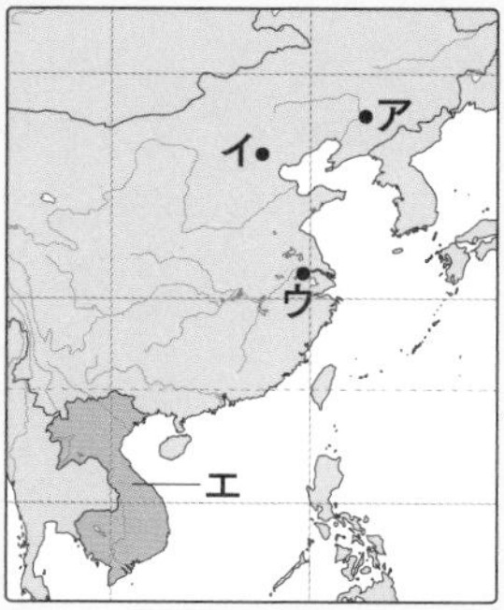


①【ア】　②【イ】　③【ウ】　④【エ】

# テーマ15 第二次世界大戦②

## 年表でチェック

| 年 | おもなできごと |
|---|---|
| 1941年 | 【**太平洋戦争**】が始まる。 |
| 1943年 | 【**学徒出陣**】，**勤労動員**が始まる。<br>イタリアが降伏する。 |
| 1944年 | 【**学童疎開**】が始まる。 |
| 1945年 | アメリカ軍が【**沖縄**】に上陸し（4月），占領する（6月）。<br>ドイツが降伏する（5月）。<br>アメリカ軍が【**広島**】に原子爆弾を投下する（8月6日）。<br>ソ連が**日ソ中立条約**を破棄し，日本に宣戦布告する（8月8日）。<br>アメリカ軍が【**長崎**】に原子爆弾を投下する（8月9日）。<br>日本が【**ポツダム宣言**】を受け入れて降伏する（8月14日）。 |

## 重要ポイントをチェック

- **太平洋戦争**は日本軍によるハワイの【**真珠湾**】にあるアメリカ軍基地への奇襲攻撃と，イギリス領**マレー半島**への上陸から始まった。太平洋戦争の開始により**第二次世界大戦**がアジア，太平洋地域へ拡大し，**枢軸国**（日本，ドイツ，イタリアなど）と**連合国**（アメリカ，イギリス，中国，ソ連など）との世界規模の戦争となった。
- **学徒出陣**はそれまで徴兵を猶予されていた学生を兵士として戦場へ送ったこと，**勤労動員**は労働力の不足を補うために中学生や女学生を軍需工場などで働かせたことをいう。
- **学童疎開**は空襲から逃れるため，都市に住む小学生を地方へ避難させたことをいう。
- 日本の降伏は，1945年【**8月15日**】に，天皇によるラジオ放送（**玉音放送**）によって国民に伝えられた。

第二次世界大戦では軍人だけでなく民間人にも多くの犠牲者が出たよ。

## 問題演習

### ゼッタイに押さえるべきポイント

□1941年12月8日，日本軍は，ハワイの【真珠湾】を攻撃し，太平洋戦争が始まった。　（市川中・学習院中等科など）

□1942年の【ミッドウェー海戦】での敗戦以降，日本の戦局は悪化していった。　（学習院中等科など）

□文科系の大学生らが戦地に駆り出されたことを【学徒出陣】という。

□戦局が悪化すると，中学生や女性らは【勤労動員】され，軍需工場で働くようになった。　（市川中など）

□1944年以降，都市部の小学生は，空襲を避けるため，農村部へ集団で【学童疎開】した。

□1945年7月，アメリカ・イギリス・中国の名で【ポツダム宣言】が発表され，日本の無条件降伏が促された。　（学習院中等科など）

□1945年8月6日に広島，8月9日に長崎に【原爆（原子爆弾）】が投下された。　（共立女子中・金蘭千里中・横浜共立学園中など）

□1945年8月8日，【ソビエト社会主義共和国連邦（ソ連）】が日本に宣戦布告し，満州へ攻め込んだ。　（学習院中等科など）

□1945年8月15日，天皇による【ラジオ放送（玉音放送）】で日本の敗戦が国民に知らされた。　（淑徳与野中など）

### 入試で差がつくポイント 解説➡p151

□太平洋戦争においては，戦場での戦闘による負傷以外に，食糧や医薬品の不足から飢えや病気で多くの日本軍兵士が死亡した。このような事態となった理由を，簡単に説明しなさい。　（女子学院中など）

［例：物資の補給路が連合国によって断たれたため。
物資の輸送が戦線の拡大に追いつかなかったため。
※これらなどから1つ］

# テーマ16 戦後の改革

## 年表でチェック

| 年 | おもなできごと |
|---|---|
| 1945年 | 日本が【ポツダム宣言】を受け入れて降伏する。<br>→日本はアメリカの【マッカーサー】を最高司令官とする，<br>【連合国軍最高司令官総司令部（GHQ）】の管理下に置かれる。<br>【財閥解体】が始まる。→経済の民主化が図られる。<br>満【20】歳以上の【男女】に選挙権が与えられる。 |
| 1946年 | 衆議院議員選挙で初の女性議員が誕生する。<br>【農地改革】が始まる。→農村の民主化が図られる。<br>【日本国憲法】が公布される。（施行は1947年5月3日）<br>【極東国際軍事裁判】が始まる。→戦争犯罪人が裁かれる。 |
| 1947年 | 【教育基本法】，**独占禁止法**，**労働基準法**が制定される。 |

## 重要ポイントをチェック

- 日本の民主化は**GHQ**の指令に従って日本政府が行った（**間接統治**）。
- **財閥解体**は日本の経済を支配していた**財閥**を解体し，経済の民主化を図るのが目的であった。**独占禁止法**は，**財閥**の再出現を防ぐために制定された。
- **農地改革**は地主から小作地を政府が強制的に買い上げ，小作人に安く売りわたすことで自作農とし，農村の民主化を図ることが目的であった。
- **極東国際軍事裁判（東京裁判）**は戦争をおし進めた軍人や政治家を戦争犯罪人として裁く裁判で，**太平洋戦争**開戦時の首相であった【東条英機】らが死刑となった。
- **教育基本法**は戦前の**教育勅語**にかわって制定され，教育の機会均等，男女共学，9か年の義務教育などを定めた。
- **労働基準法**は1日8時間労働など，労働条件の最低基準を定めた法律。1945年制定の【労働組合法】（労働組合の結成やストライキの権利などを保障），1946年制定の**労働関係調整法**と合わせて**労働三法**と呼ばれている。

**日本の民主化はGHQの指導の下，**
**さまざまな分野で進められたよ。**

# 問題演習

## ゼッタイに押さえるべきポイント

□1945年，日本は【マッカーサー】を最高司令官とする**連合国軍最高司令官総司令部（GHQ）**によって占領された。（志學館中・学習院中等科など）

□GHQは，戦犯とみなした軍や政府の指導者を【極東国際軍事裁判（東京裁判）】にかけて裁いた。（市川中など）

□戦後の教科書は，軍国主義的な記述など，都合の悪い部分を隠（かく）して読めないようにしたため，【墨塗（すみぬ）り教科書】と呼ばれた。（鷗友学園女子中など）

□GHQの指示により，日本の産業や経済を支配してきた【財閥】の解体が行われた。（市川中・学習院中等科など）

□農村では，【農地改革】が行われ，地主が持つ**小作地**が**小作人**に安く売り渡された。（学習院中等科など）

□**日本国憲法**は，【1946】年11月3日に公布され，その半年後の**5月3日**に施行された。（鎌倉学園中など）

□選挙法の改正により，満20歳以上の【男女】に選挙権が与えられるようになった。（学習院中等科など）

□1947年には，平和主義と民主主義を基本的な考え方とする【教育基本法】が制定された。（学習院中等科など）

## 入試で差がつくポイント 解説➡p151

□農地改革のために政府が行った具体的な政策を，簡単に説明しなさい。（神奈川大学附属中など）

［例：政府が地主から土地を強制的に買い上げ，小作人に安く売り渡した。］

□戦後すぐに，GHQの命令によって日本での航空機の製造が禁止された理由を，簡単に説明しなさい。（豊島岡女子学園中など）

［例：日本の軍事化を防ぐため。］

# テーマ17 戦後の国際政治・日本の国際社会への復帰

## 年表でチェック

| 年 | おもなできごと |
|---|---|
| 1945年 | 世界の51か国が加盟して【国際連合】が発足する。 |
| 1948年 | 朝鮮半島で【北緯38度線】を境に2つの国が成立する。<br>→南に【大韓民国】，北に【朝鮮民主主義人民共和国】が成立。 |
| 1949年 | 【中華人民共和国】が成立する。 |
| 1950年 | 【朝鮮戦争】が始まる。 |
| 1951年 | **吉田茂**首相のもと，日本が世界の48か国と【サンフランシスコ平和条約】を結び，翌年，独立を達成する。<br>日本がアメリカとの間で【日米安全保障条約】を結ぶ。 |
| 1954年 | アメリカの水爆実験により，**第五福竜丸事件**が起こる。 |
| 1956年 | 【日ソ共同宣言】に調印し，ソ連と国交を回復する。<br>日本が**国際連合**に加盟し，国際社会に復帰する。 |

## 重要ポイントをチェック

- **国際連合**の成立後，世界はアメリカを中心とする西側の資本主義諸国とソ連を中心とする東側の社会主義諸国の2つの陣営に分かれて激しく対立した。この対立は直接には戦火を交えないことから【冷たい戦争（冷戦）】と呼ばれた。この影響で，ドイツ，朝鮮，ベトナムが2つに分断された。
- **朝鮮戦争**が始まると，アメリカは日本との講和を急ぐようになり，戦争に必要な軍需物資を日本で大量に調達したため，日本は好景気となった。これを【特需景気（朝鮮特需）】という。また，**朝鮮戦争**が始まると，GHQの指令により，のちの【自衛隊】のもととなる**警察予備隊**がつくられた。
- ソ連は**サンフランシスコ平和条約**への調印を拒否し，**中華人民共和国**はサンフランシスコでの講和会議に招かれなかった。
- **日米安全保障条約**により，日本の独立後も引き続いてアメリカ軍が日本国内にとどまることになった。

**朝鮮戦争が日本の独立と経済復興のきっかけとなったんだね。**

## 問題演習

### ゼッタイに押さえるべきポイント

□1945年，本部をアメリカの【ニューヨーク】に置く国際連合（国連）が成立し，アメリカやイギリスなどが常任理事国となった。（頌栄女子学院中など）

□ソ連を中心とする社会主義陣営とアメリカを中心とする資本主義陣営の，直接に戦火を交えない対立を【冷たい戦争（冷戦）】という。（鎌倉学園中など）

□1950年，【朝鮮民主主義人民共和国】が武力による統一を目指して**大韓民国**に侵攻し，**朝鮮戦争**が起こった。

□朝鮮戦争が始まると，アメリカが日本で大量の軍需物資を調達したため，日本は【特需景気（朝鮮特需）】と呼ばれる好景気となった。

（吉祥女子中・白百合学園中など）

□朝鮮戦争の勃発を受け，1950年，GHQの指令により【警察予備隊】が組織された。（鎌倉学園中など）

□1951年，【吉田茂】首相はアメリカなど48か国と**サンフランシスコ平和条約**を結び，翌年，日本は独立を回復した。（学習院中等科など）

□サンフランシスコ平和条約と同時に【日米安全保障条約】が結ばれ，日本は国内にアメリカ軍が引き続き駐留することを認めた。（学習院中等科など）

□1954年，アメリカの水爆実験により，日本の漁船である【第五福竜丸】が被ばくし，**原水爆禁止運動**が全国に広がった。

（鷗友学園女子中・西大和学園中など）

□1956年，【鳩山一郎】首相は，ソ連と**日ソ共同宣言**に調印し，ソ連との国交を回復した。これにより，日本は国際連合に加盟することができ，国際社会に復帰した。できたらスゴイ!（暁星中など）

### 入試で差がつくポイント 解説➡p151

□GHQが警察予備隊の結成を命じた理由を，当時の国際情勢を踏まえて簡単に説明しなさい。（市川中など）

［例：朝鮮戦争で，日本にいたアメリカ軍が朝鮮半島へ出兵したため，日本の国防や治安維持につとめる必要があったから。］

# テーマ18 経済発展と国際関係

## 年表でチェック

| 年 | おもなできごと |
|---|---|
| 1950年代 | 1950年代半ばから【高度経済成長】が始まる。 |
| 1960年 | 岸信介首相のもとで行われた**日米安全保障条約**の改定をきっかけに，【安保闘争】が起こる。 |
| 1964年 | 【東京オリンピック】が開催される。 |
| 1965年 | 【日韓基本条約】を結び，**大韓民国**と国交を回復する。 |
| 1972年 | 【沖縄】が日本に復帰する。<br>田中角栄首相のもとで，【日中共同声明】を出し，**中華人民共和国**と国交を回復する。 |
| 1973年 | 【石油危機（オイル・ショック）】が起こる。→**高度経済成長**が終わる。 |
| 1978年 | 【日中平和友好条約】を結ぶ。 |

## 重要ポイントをチェック

- **高度経済成長期**に日本の国民総生産（GNP）は約5倍となった。1968年には日本のGNPは資本主義諸国の中でアメリカに次ぐ第2位となった。
  →**池田勇人**首相は，**「所得倍増計画」**を掲げ，高度経済成長政策を進めた。
- 高度経済成長期に【三種の神器】（白黒テレビ，電気洗濯機，電気冷蔵庫）や【3C】（自動車，クーラー，カラーテレビ）が各家庭に広まった。
- 高度経済成長期には重化学工業の発達とともに，**四大公害病**（水俣病，イタイイタイ病，四日市ぜんそく，新潟水俣病）などの公害問題も発生した。
  →1967年に【公害対策基本法】を制定。1971年に【環境庁】を設置。
- **東京オリンピック**の開催に合わせ，【東海道新幹線】や高速道路が整備された。
- 1953年には**奄美群島**が，1968年には**小笠原諸島**が，アメリカから返還された。
- 佐藤栄作首相のもとで，核兵器を「**持たず，作らず，持ち込ませず**」という【非核三原則】が掲げられた。
- 1962年に**キューバ危機**が起き，アメリカとソ連の緊張が高まった。
- 1965年，アメリカによるベトナム北部の爆撃が始まり，【ベトナム戦争】が本格化。→それぞれの勢力をアメリカやソ連が支援し，代理戦争となる。
- **石油危機**は第四次中東戦争をきっかけに原油価格が高騰し，世界経済が大きく混乱したこと。**石油ショック**，**オイル・ショック**ともいう。

## 問題演習

### ゼッタイに押さえるべきポイント

□日本は，1955年から1973年までの間，実質経済成長率が10％程度の高成長を続けた。これを【高度経済成長】という。

□1960年，**池田勇人**首相は【所得倍増計画】を掲(かか)げた。（立教池袋中など）

□1960年，【岸信介】首相のとき，**日米安全保障条約**の改定が行われ，**安保闘争**と呼ばれる大きな反対運動が巻き起こった。（開成中・暁星中など）

□1964年，**東京オリンピック**の開催に合わせ，東京と大阪間を結ぶ高速鉄道である【東海道新幹線】が開業した。（湘南白百合中など）

□1973年，**第四次中東戦争**をきっかけとして【石油危機（オイル・ショック）】が発生し，日本の高度経済成長は終わった。（明治大学付属明治中など）

□**佐藤栄作**(さとうえいさく)首相のとき，1965年に【日韓基本条約】が結ばれ，1972年に【沖縄】の日本復帰が実現した。（暁星中など）

□沖縄の日本返還の過程で，**非核三原則**（核兵器を「【持たず，作らず，持ち込ませず】」）が日本の方針となった。（学習院女子中等科など）

□1972年，【田中角栄】首相と中国の**周恩来**(しゅうおんらい)首相により**日中共同声明**が発表され，日本と中国の国交が正常化した。（渋谷教育学園幕張中・暁星中など）

□1978年，日本と中国の間で【日中平和友好条約】が結ばれた。（専修大学松戸中など）

□1962年，アメリカとソ連が，カリブ海にある島国でのミサイル基地建設をめぐって対立したできごとを【キューバ危機】という。（吉祥女子中など）

□東西冷戦下のアメリカとソ連の代理戦争であり，南北に分断されていた国が統一された戦争は【ベトナム戦争】である。（早稲田大学高等学院中学部など）

### 入試で差がつくポイント 解説➡p151

□サミットは，1975年，フランスで初めて開催された。この時期に初めてサミットが開催された理由を，簡単に説明しなさい。

（サレジオ学院中など）

**ヒント** 1973年に発生した出来事と結びつけて考えよう。

［例：石油危機の発生によって世界経済が混乱したため，その解決策を話し合う必要があったから。］

# テーマ19 冷戦の終結と日本

## 年表でチェック

| 年 | おもなできごと |
|---|---|
| 1985年 | ソ連で**ゴルバチョフ**が政権をとる。 |
| 1989年 | 【**ベルリンの壁**】が崩壊する。<br>マルタ島での米ソ首脳会談で【**冷たい戦争（冷戦）**】の終結が宣言される。 |
| 1990年 | 【**東西ドイツ**】が統一される。 |
| 1991年 | 【**湾岸戦争**】が始まる。 |
| 1991年 | 1980年代後半から続いた【**バブル経済**】が崩壊する。<br>【**ソ連**】が解体する。 |
| 1992年 | 国連平和維持活動（【**PKO**】）協力法が成立する。<br>→**自衛隊**を**カンボジア**へ派遣。 |
| 1993年 | 細川護熙を首相とする非自民連立内閣が成立し，**55年体制**が終わる。<br>【**ヨーロッパ連合（EU）**】が発足する。 |
| 1995年 | 【**阪神・淡路大震災**】が起こり，大阪や神戸が大きな被害を受ける。 |

## 重要ポイントをチェック

- **ゴルバチョフ**は国力が低下していたソ連を立て直すため，国内の政治や経済の改革を進めたが，成果は上がらなかった。
- **ベルリンの壁**は東西ドイツ分断の象徴であった。
- **バブル経済**は1980年代後半に地価や株価が異常に高くなったことから発生した好景気。バブル（泡）のように景気がふくらんだ状態という意味。
- ソ連の解体により，**ロシア連邦**や**ウクライナ**など12の国が独立した。
- PKO（国連平和維持活動）は，紛争地域に人員を派遣し，停戦や選挙の監視，難民の支援などを行う活動。

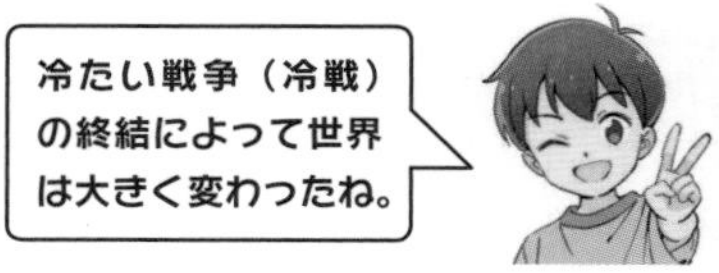

冷たい戦争（冷戦）の終結によって世界は大きく変わったね。


- 1997年，京都で地球温暖化防止に関する国際会議が行われ，温室効果ガスの削減を取り決めた【**京都議定書**】が採択された。
- ヨーロッパ連合（EU）はヨーロッパの地域統合組織で，経済の統合，共通の外交や安全保障，司法協力などさまざまな面での統合を目指している。2002年には多くの加盟国が共通通貨の【**ユーロ**】を導入した。

## 問題演習

### ゼッタイに押さえるべきポイント

□1989年にドイツの【ベルリンの壁】が崩壊し，翌年，東西ドイツが統一された。（青山学院中等部など）

□1989年，アメリカの**ブッシュ大統領**とソ連の**ゴルバチョフ書記長**が地中海の【マルタ島】で会談を行い，冷戦の終結を宣言した。（昭和学院秀英中など）

□1990年，イラクのクウェート侵攻をきっかけに，1991年から【湾岸戦争】が始まった。この戦争は，日本の自衛隊が海外に派遣されるきっかけとなった。（東京農業大学第一中・横浜共立学園中など）

□日本は国際的な人的支援を行うため，1992年に【国連平和維持活動協力法（PKO協力法）】を成立させ，同年，**カンボジア**に自衛隊を派遣した。（神奈川大学附属中・鎌倉学園中など）

□1991年，ソ連が【解体】してロシア連邦など多くの国が独立し，ソ連を中心とする社会主義体制は崩壊した。（東京都市大学等々力中・学習院女子中等科など）

□1993年，非自民の【細川護熙】を首相とする連立内閣が成立し，自民党を与党，社会党を野党第一党とする**55年体制**が終わった。

□1980年代後半から1990年代初頭にかけて，株価や地価が異常に高くなる不健全な好景気の【バブル経済】が発生した。（江戸川学園取手中など）

□地球温暖化対策のため，1997年に各国が協力して温室効果ガスの排出を減らすことを決めた取り決めを【京都議定書】という。（横浜雙葉中など）

### 入試で差がつくポイント 解説➡p151

□バブル景気が終わった後に起こった問題について，「銀行」という言葉を使って簡単に説明しなさい。

**ヒント** 不良債権は，日本経済に深刻な影響を与えた。

［ 例：銀行が貸し出したお金を回収できない，不良債権問題が起こった。 ］

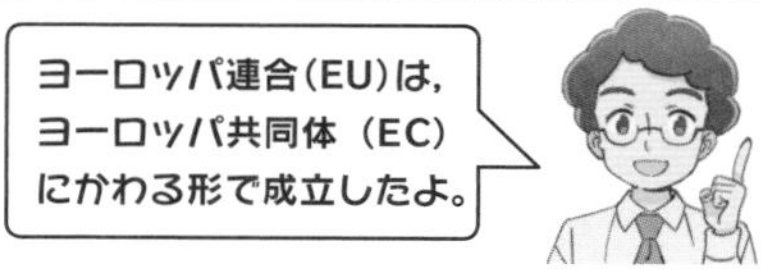

ヨーロッパ連合（EU）は，
ヨーロッパ共同体（EC）
にかわる形で成立したよ。

# テーマ20 現在の日本

## 年表でチェック

| 年 | おもなできごと |
|---|---|
| 2001年 | アメリカで【同時多発テロ】が起こる。 |
| 2002年 | 日本と朝鮮民主主義人民共和国の間で初の【日朝首脳会談】が行われる。<br>→【日朝平壌宣言】調印。 |
| 2003年 | **イラク戦争**が起こる。 |
| 2008年 | **世界金融危機**が起こる。 |
| 2009年 | 【民主党】を中心とする連立内閣が成立する。<br>→2012年に再び自民党を中心とする連立内閣が成立した。 |
| 2011年 | 【東日本大震災】が起こる。 |
| 2021年 | 【東京オリンピック】が**コロナ**禍の中，開催される。 |

## 重要ポイントをチェック

- アメリカの**同時多発テロ**は，イスラム教過激派のテロリストによって民間航空機が複数ハイジャックされ，ニューヨークの世界貿易センタービルや首都ワシントンD.C.の国防総省へ突入した事件。アメリカはテロ組織を支援する**アフガニスタン**を攻撃して政権を崩壊させた。

〈テロリズム〉
- 暴力を用いて敵対者に恐怖をいだかせ，政治目的を達成しようとする思想や行動。テロともいう。

- **小泉純一郎首相**のもとで出された**日朝平壌宣言**には，拉致問題の解決，国交正常化交渉の開始などが盛り込まれているが，両国関係はあまり進展していない。
- **イラク戦争**ではテロ支援，大量破壊兵器の保有を口実にアメリカを中心とする国々がイラクを攻撃し，フセイン政権を崩壊させた。
- 日本は2001年からインド洋での補給支援活動に，2004年からイラクでの復興支援活動のためにそれぞれ自衛隊を派遣した。
- 日本では**バブル経済**崩壊のあと**平成不況**と呼ばれる不景気が続いた。この間，貧富の差や都市と地方の経済格差が拡大した。景気はいったん回復したが，**世界金融危機**の影響で再び不景気におちいった。

## 問題演習

### ゼッタイに押さえるべきポイント

□2001年にアメリカで同時多発テロが起こると，アメリカはテロの首謀者(しゅぼうしゃ)をかくまっているとして，【アフガニスタン】を攻撃した。

□2003年，大量破壊兵器を隠し持っているとして，アメリカを中心とする多国籍軍が【イラク】に軍隊を送った。（鎌倉学園中など）

□2002年には，【小泉純一郎】首相によって，初の**日朝首脳会談**が実現し，北朝鮮による**拉致問題**が話し合われた。（親和中・暁星中・攻玉社中など）

□2011年3月11日，東北地方の太平洋沖を震源とする大地震によって大きな被害が出た災害を【東日本大震災】という。この年の外国人観光客数は前年を大きく下回った。（昭和学院秀英中など）

### 入試で差がつくポイント

解説➡p152

□次のア～オのできごとを，年代の古い順に並べ替えなさい。

ア　ソビエト連邦が崩壊する。
イ　アメリカで，9.11事件とも呼ばれる，同時多発テロ事件が起こる。
ウ　リーマンショックとも呼ばれる，世界金融危機が起こる。
エ　フランスのパリで過激派組織ISによる同時多発テロ事件が起こる。
オ　アメリカ軍の攻撃により，イラク戦争が開始される。

【ア→イ→オ→ウ→エ】

□2011年以降，福島県の人口が大きく減少した理由を，簡単に説明しなさい。（早稲田実業中等部など）

［例：東日本大震災により，福島県にある原子力発電所で事故が起きたため。］

このテーマで扱ったできごとは，今の私たちの生活にも関わってくるね。日々のニュースに注意して，世の中で起きていることにアンテナをはっておけるといいかもね。

# テーマ21 江戸幕府のはじまり

## 年表でチェック

| 年 | おもなできごと |
|---|---|
| 1600年 | 【徳川家康】が率いる東軍が石田三成を中心とする西軍（豊臣方）に【関ヶ原の戦い】で勝利し，全国の支配権をにぎる。 |
| 1603年 | 徳川家康が【征夷大将軍】に任ぜられ，【江戸幕府】を開く。 |
| 1605年 | 徳川家康が将軍職を子の徳川秀忠にゆずる。 |
| 1614年 | 大阪冬の陣→豊臣氏を攻める。 |
| 1615年 | 大阪夏の陣→豊臣氏が滅ぼされる。<br>大名の統制を目的に【武家諸法度】が出される。 |

## 重要ポイントをチェック

- 徳川家康は三河国（愛知県東部）の戦国大名。織田信長，豊臣秀吉に仕え，東海地方に勢力を伸ばした。
- 関ヶ原の戦いは【「天下分け目の戦い」】と呼ばれた。関ヶ原の戦いの後，大阪城にいた豊臣秀頼（秀吉の子）は一大名の地位へ落とされた。関ヶ原は現在の【岐阜】県にある。
- 江戸幕府は全国の石高の約4分の1にあたる領地の他，京都・大阪・堺・長崎などの重要都市，【佐渡】金山（新潟県），【生野】銀山（兵庫県）などの鉱山を直接支配していた。幕府が直接支配したところを幕領（天領）という。
- 武家諸法度では，無許可で城の修理をしたり，大名どうしが無断で結婚したりすることなどが禁止された。天皇や公家には禁中並公家諸法度を出して政治に口出しすることを禁止し，学問を奨励した。
- 石高【1万】石以上の将軍の家来を大名といい，【藩】と呼ばれた領地を支配した。大名は徳川氏一門の【親藩】，古くからの家臣であった【譜代大名】，関ヶ原の戦いの前後に徳川氏に従った【外様大名】に区別され，重要地に親藩や譜代大名，おもに江戸の遠隔地に外様大名が配置された。

幕府と藩が全国を支配するしくみを幕藩体制というよ。

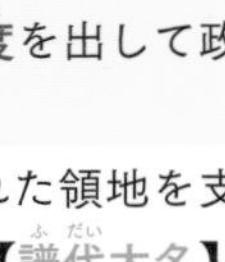

## 問題演習

### ゼッタイに押さえるべきポイント

□1600年，徳川家康を中心とする東軍と，石田三成を中心とする西軍が戦う【関ヶ原の戦い】が起こり，東軍が勝利した。

（光塩女子学院中等科・白百合学園中など）

□1603年，徳川家康は朝廷（ちょうてい）から【征夷大将軍】に任命され，江戸に幕府を開いた。

□1615年，徳川家康は【大阪夏の陣】で豊臣氏を滅ぼした。

（立教女学院中など）

□将軍家の親戚（しんせき）を【親藩】といい，特に尾張（おわり）・紀伊（きい）・水戸（みと）は御三家（ごさんけ）として重んじられた。

（晃華学園中など）

□幕府の直接の支配地である【幕領（天領）】は約400万石で，家臣の領地と合わせ全国の石高の約4分の1を占めた。

（大妻中など）

□幕府は【武家諸法度】を定め，大名家どうしが許可なく婚姻（こんいん）を結んだり，城を修理したりすることを禁止した。

（三田国際学園中・お茶の水女子大学附属中・早稲田実業中等部など）

### 入試で差がつくポイント 解説→p152

□江戸時代のはじまりについて，「征夷大将軍」「関ヶ原の戦い」という言葉を用いて，簡単に説明しなさい。

（光塩女子学院中等科など）

［例：関ヶ原の戦いで西軍に勝利した徳川家康は，朝廷から征夷大将軍に任命され，江戸幕府を開いた。］

□次のア～エのできごとを，年代の古い順に並べ替えなさい。

ア　関ヶ原の戦いが起こる。　　イ　大阪夏の陣が起こる。
ウ　大阪冬の陣が起こる。　　エ　徳川家康が征夷大将軍になる。

【ア→エ→ウ→イ】

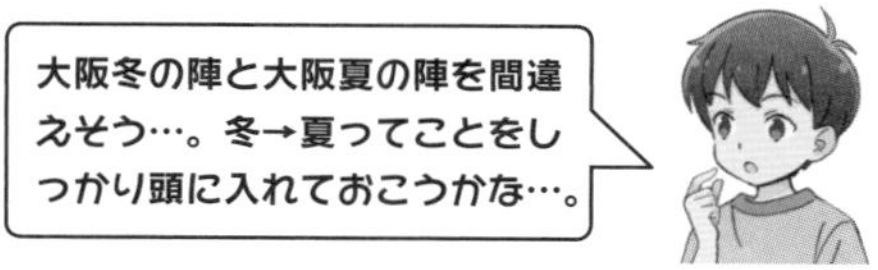

大阪冬の陣と大阪夏の陣を間違えそう…。冬→夏ってことをしっかり頭に入れておこうかな…。

# テーマ22
# 徳川家光と江戸幕府の体制

## 年表でチェック

| 年 | おもなできごと |
|---|---|
| 1623年 | 【徳川家光】が3代将軍となる。 |
| 1635年 | 徳川家光が**武家諸法度**に【参勤交代】の制度を追加する。 |

## 重要ポイントをチェック

〈江戸幕府のしくみ〉

将軍
- 【大老】（臨時に置く最高職）
- 【老中】（政治一般）
  - 大目付（幕政の監視）
  - 町奉行（江戸の町政）
  - **勘定奉行**（幕府の財政，幕領の監督）
  - 遠国奉行（重要都市の支配）
- 若年寄（老中の補佐）
- **寺社奉行**（寺社の取り締まり）
- 京都所司代（朝廷と西国大名の監視）
- 大阪城代（西国の軍事）

- **参勤交代**は大名に対し，1年おきに領国と江戸を往復することを義務付けた制度で，江戸と領国との往復には【大名行列】を組んだ。また，大名の妻子は江戸に住まわされた。
- 天皇や公家を統制するため，【禁中並公家諸法度】が定められた。
- 江戸幕府の政治は将軍によって任命された**老中**が行った。**老中**は**譜代大名**の中から4～5名が選ばれて合議制で政治をとり，若年寄がその補佐をした。老中や若年寄，三奉行（**寺社奉行**，**町奉行**，**勘定奉行**）などの幕府の役職には**譜代大名**や将軍直属の家来である【旗本】から任命され，**外様大名**が任命されることはほとんどなかった。
- 江戸幕府は，農民統制のために**五人組**のしくみを整え，互いに監視させた。

**徳川家光の時代に江戸幕府のしくみがほぼ整ったよ。幕藩体制の成立だね。**

## 問題演習

### ゼッタイに押さえるべきポイント

□幕府と藩が全国の土地や人々を支配する体制を【幕藩体制】という。

□3代将軍徳川家光は，武家諸法度に【参勤交代】の制度を加えた。これにより，大名は1年ごとに江戸と領地を行き来することとなり，大名の妻子は江戸に住むことになった。　（金蘭千里中・洗足学園中・立教女学院中など）

□幕府は朝廷や西日本の大名を監視(かんし)するため，京都に【京都所司代】を置いた。
（頌栄女子学院中など）

□農民統制の一つとして，近隣(きんりん)の者らに犯罪の防止などについて連帯(れんたい)責任を負わせ，互いに監視させる【五人組】のしくみを整えた。
（東洋英和女学院中学部など）

□1615年，幕府は天皇や公家を統制するため，【禁中並公家諸法度】を定めた。
（広尾学園中・淑徳与野中など）

□1630年代，徳川家光の時代に【寛永通宝(かんえいつうほう)】という貨幣(かへい)が発行され，人々の間に浸透(しんとう)した。できたらスゴイ!　（渋谷教育学園幕張中など）

□将軍の家来のうち，1万石未満で直接将軍に謁見(えっけん)できる者を【旗本】といい，謁見できない者を御家人という。　（城北中など）

### 入試で差がつくポイント　解説→p152

□江戸の町に大名屋敷が置かれるようになった理由を，簡単に説明しなさい。
（開成中など）

ヒント 江戸幕府の制度について考えよう。

［例：参勤交代の制度により，1年おきに江戸に滞在するようになったから。］

□室町時代には，永楽通宝(えいらくつうほう)など明銭(みんせん)を輸入していたが，江戸時代に入ると，寛永通宝などの貨幣が国内で製造されるようになった。輸入された貨幣ではなく国産の貨幣が主に使用されるようになっていった理由を，簡単に説明しなさい。　（公文国際学園中等部など）

ヒント 相手国との関係が悪化した場合，貨幣の輸入がどうなるか考える。

［例：貨幣の流通量を安定させるため。］

テーマ23

# 幕府の貿易独占とキリスト教

## 年表でチェック

| 年 | おもなできごと |
|---|---|
| 17世紀初め | 【朱印船貿易】がさかんになる。 |
| 1612年 | 江戸幕府が幕領（天領）に【禁教令】を出し，キリスト教を禁止する。 |
| 1616年 | ヨーロッパ船の来航地を平戸と長崎に限定する。 |
| 1623年 | イギリスが平戸の商館を閉鎖して去る。 |
| 1624年 | 【スペイン】船の来航を禁止する。 |
| 1635年 | 日本人の海外渡航と帰国を禁止する。（朱印船貿易の停止） |
| 1637年 | 【島原・天草一揆】が起こる。 |
| 1639年 | 【ポルトガル】船の来航を禁止する。 |
| 1641年 | 平戸のオランダ商館を長崎の【出島】に移す。→【鎖国】の完成。 |
| 1669年 | シャクシャインが，松前藩などに対して戦いを起こす。 |

## 重要ポイントをチェック

- **徳川家康**は**朱印状**（渡航許可証）を与えて貿易を保護したため，**朱印船貿易**がさかんとなり，おもに西国の大名や京都，堺，長崎などの大商人が【東南アジア】で行った。**朱印船貿易**がさかんになると，多くの日本人が東南アジアに移住し，各地に【日本町（日本人町）】がつくられ，繁栄した。
- 朝鮮とは【対馬藩】，琉球王国とは【薩摩藩】，アイヌとは【松前藩】を通じて交流があった。朝鮮からは，将軍の代替わりごとなどに，**朝鮮通信使**が派遣されてきた。
- 幕府はキリスト教徒を見つけるために【踏絵】を踏ませ，寺に【宗門改帳】をつくらせ，キリスト教信者でないことを証明させた。（**寺請制度**）
- **島原・天草一揆**は島原（長崎県）・天草（熊本県）地方で起こったキリスト教徒を中心とする大規模な農民一揆で，【天草四郎（益田時貞）】を大将とした。
- **鎖国**の目的はキリスト教の禁止と貿易統制で，【オランダ】と【中国（清）】だけが長崎での貿易を許され，その利益は幕府が独占した。
- オランダとの貿易は長崎の【出島】で，中国との貿易は**唐人屋敷**で行われた。オランダの商館長は，**オランダ風説書**を幕府に定期的に提出した。

# 問題演習

## ゼッタイに押さえるべきポイント

□徳川家康は，海外へ渡航する日本船に【朱印状】を与え，収入の一部を幕府へ納めさせた。

□1637年，重い年貢の取り立てやキリシタンへの厳しい弾圧に対抗するため，天草四郎を総大将として，【島原・天草一揆】が起こった。　（海城中など）

□キリスト教の禁止を徹底するため，1624年に【スペイン】船の来航を禁止し，1639年に【ポルトガル】船の来航を禁止した。　（巣鴨中・雙葉中など）

□隠れキリシタンを見つけるため，幕府は聖母マリア像やキリスト像の描かれた【踏絵】を踏ませた。　（浅野中など）

□【寺請】制度は，幕府が民衆に対して，必ずどこかの寺院に所属することを義務付けた仕組みである。　（芝中など）

□オランダの商館長は，定期的に海外の情報をまとめた【オランダ風説書】を幕府に提出した。　（中央大学附属中など）

□幕府は中国と長崎の【唐人屋敷】で貿易を行った。（フェリス女学院中など）

□1609年，【対馬】藩の宗氏の努力により，朝鮮との国交が回復し，将軍の代替わりごとなどに，【朝鮮通信使】が日本に派遣された。（昭和学院秀英中など）

□江戸時代初期，琉球王国は【薩摩】藩に攻められて服属した。（栄東中など）

□1669年，【シャクシャイン】は不公正な取引に不満を持ったアイヌの人々を率いて，松前藩や商人を相手に戦った。　（桐朋中など）

## 入試で差がつくポイント 解説➡p152

□幕府の対外政策は，オランダとポルトガルでは大きく異なった。2つの国に対して幕府が対応を変えた理由を，簡単に説明しなさい。

（鷗友学園女子中など）

**ヒント** 幕府は，キリスト教の布教が海外からの侵略につながると危機感をもっていた。

［例：オランダはキリスト教を布教しなかったが，ポルトガルはキリスト教の布教を日本との貿易の条件としたから。］

長崎での貿易と外交を幕府が独占する体制を鎖国というよ。

## テーマ24
# 徳川綱吉・新井白石の政治

### 年表でチェック

| 年 | おもなできごと |
|---|---|
| 1680年 | 【徳川綱吉】が5代将軍となる。 |
| 1685年 | 徳川綱吉が【生類憐みの令】を出す。<br>→極端な動物愛護令で，なかでも犬を大切にした。 |
| 1709年 | 【新井白石】による政治が始まる。（**正徳の治**） |

### 重要ポイントをチェック

- 徳川綱吉の時代に，武力で人々を支配するのではなく，法や制度を整えることで社会の安定をはかろうとする**文治政治**が本格的に始まった。
- 徳川綱吉は**儒学**の一派である【朱子学】を重んじて幕府の学問とし，**湯島**に儒学の祖である**孔子**をまつる【聖堂】を建てた。
- **朱子学**は君臣（主君と臣下）や父子の関係など，身分的秩序や礼節を重んじたので，幕府の支配に都合がよかった。
- 徳川綱吉は徳を重んじる文治政治を進めたが，寺院の建築や修理をたびたび行ったため，幕府の財政が悪化した。
- 徳川綱吉は幕府の財政を立て直すため，貨幣の質を落として量を増やし，差額を幕府の収入とした。その結果，物価が上昇し，経済が混乱した。
- **生類憐みの令**は人々を苦しめたが，人々に他者をいつくしむ「慈悲の心」をもたせ,社会を安定させるというねらいもあった。特に犬を大切にしたのは,綱吉の干支が戌であったためである。
- **新井白石**は6代将軍（家宣），7代将軍（家継）に仕えた朱子学者である。
- 新井白石は生類憐みの令を廃止し，綱吉が下げた貨幣の質を元に戻した。また，金銀の海外流失を防ぐため，【長崎貿易】を制限した。
- 新井白石の政治は幕府財政の立て直しには一定の成果がみられたが，貨幣の再改鋳（つくり直し）によって社会の混乱もまねいた。

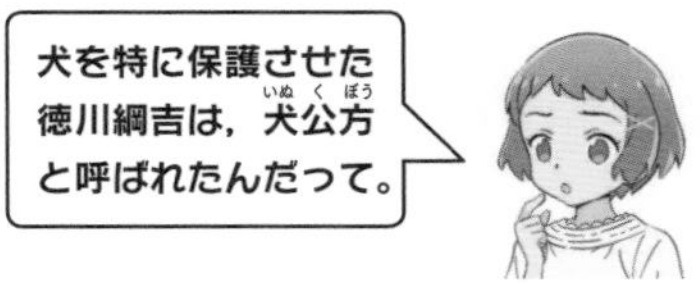
犬を特に保護させた
徳川綱吉は，犬公方
と呼ばれたんだって。

# 問題演習

## ゼッタイに押さえるべきポイント

□5代将軍徳川綱吉の頃より，学問や礼節を重んじる【文治】政治が推進された。
（早稲田実業中等部など）

□徳川綱吉は儒学を学ぶことを進め，中でも父と子，主君と家来などの上下関係を重視する【朱子学】が官学とされた。（開智中など）

□徳川綱吉は，【生類憐みの令】を出し，特に犬の保護に努めたことから「犬公方」と呼ばれた。（早稲田実業中等部など）

□【柳沢吉保】は徳川綱吉の側用人として起用され，権勢をふるった。
できたらスゴイ!
（淑徳与野中など）

□6代将軍徳川家宣や7代将軍徳川家継の頃，儒学者である【新井白石】が重く用いられた（正徳の治）。この人物は『西洋紀聞』を著したことでも知られる。（浦和明の星中など）

□御三家の水戸藩主である【徳川光圀】は，歴史書である『大日本史』の作成を命じた。できたらスゴイ!

## 入試で差がつくポイント 解説➡p152

□新井白石の行ったこととして正しいものを，次のア～エから1つ選びなさい。

ア　湯島に儒学の祖である孔子をまつる聖堂を建てた。
イ　貨幣の質を良くすることで物価の安定をはかった。
ウ　武家諸法度に参勤交代の制度を加えた。
エ　極端な動物愛護を命じた生類憐みの令を出した。

【イ】

江戸時代の学習では，誰がどのような政策を行ったのか，どのような背景があり，どのような影響をもたらしたのか，しっかり整理しておくことが大事だよ！

綱吉のころから社会の安定をはかるために文治政治，新井白石は幕府を立て直すために正徳の治を行ったって感じですね。

テーマ25

# 徳川吉宗・田沼意次の政治

## 年表でチェック

| 年 | おもなできごと |
|---|---|
| 1716年 | 【徳川吉宗】が8代将軍となる。<br>→【享保の改革】が始まる。（～1745年） |
| 1732年 | 享保のききんが起こる。→江戸で最初の【打ちこわし】が発生。 |
| 1772年 | 【田沼意次】が老中となる。（～1786年）<br>→幕府の財政再建のため，積極的な経済政策をとる。 |
| 1782年 | 【天明のききん】が起こる。（～1787年）<br>→各地で【百姓一揆】や打ちこわしが発生する。 |

## 重要ポイントをチェック

- 徳川吉宗は紀伊（和歌山県）藩主から将軍となり，享保の改革と呼ばれる政治改革を行った。その結果，幕府の財政は一時的に立ち直った。
  - 【目安箱】を設置して庶民の意見をきき，政治に生かした。
  - 【上げ米の制】を定め，大名が参勤交代で江戸に滞在する期間を半年にする代わりに，石高1万石につき100石の米を幕府に献上させた。
  - 裁判の基準となる【公事方御定書】を定め，裁判の公正をはかった。
  - 年貢率を引き上げるとともに，新田開発や米価の安定に努めた。
  - ききんに備えて【青木昆陽】にサツマイモの栽培を命じた。
  - キリスト教に関係のない漢訳洋書の輸入を許可した。→【蘭学】の発達。
- 田沼意次は10代将軍（徳川家治）の時代に老中となり，力をつけてきた大商人の財力を利用する積極的な経済政策をとった。
  - 大商人の同業者組織である【株仲間】を奨励し，営業の独占を認めるかわりに税を納めさせた。反対派からは賄賂政治と批判をあびた。
  - 【長崎貿易】を奨励し，中国（清）へ俵物（海産物）を輸出した。
  - 千葉県の【印旛沼】や手賀沼の干拓を計画したが失敗した。

サツマイモが栽培されたのって，ききんに備えるためだったんだ！

# 問題演習

## ゼッタイに押さえるべきポイント

□1716年から1745年にかけて，8代将軍徳川吉宗が行った一連の改革を，【享保の改革】という。

□参勤交代で大名が江戸に滞在する期間を半分にする代わりに，一定量の米を幕府に納めさせた政策を【上げ米の制】という。
（城北中・横浜共立学園中など）

□1742年，徳川吉宗によって定められた，公平な裁判を行うための法律を【公事方御定書】という。
（本郷中など）

□庶民の意見を聞く目安箱の設置がきっかけとなって，貧しい人々のために【小石川養生所】がつくられた。できたらスゴイ!（東邦大学付属東邦中・本郷中など）

□幕府は安定した年貢米の確保を目指して【新田】の開発を奨励した。
（市川中など）

□享保のききんを目の当たりにした【青木昆陽】は，サツマイモの栽培について研究し，その功績によって徳川吉宗に認められた。（中央大学附属中など）

□田沼意次は，商人の力を利用して幕府の収入を増やそうと考え，同業者の組合である【株仲間】の結成を奨励し，営業税を納めさせた。
（晃華学園中・城北中など）

□田沼意次は銅の専売制や【印旛沼】の干拓を進め，経済重視の政策を進めた。
（城北中など）

□【天明のききん】が起こると，各地で打ちこわしや百姓一揆が頻発し，田沼意次は老中を辞めさせられた。
（國學院久我山中など）

## 入試で差がつくポイント 解説➡p152

□江戸幕府は財政難にしばしばおちいったが，その理由を「米」「財源」という言葉を用いて簡単に説明しなさい。（慶應義塾湘南藤沢中等部など）

［ 例：幕府の主な財源は年貢米を売って得るお金だが，米の収穫量は天候に左右され，安定しなかったから。 ］

享保の改革も田沼意次の政治もききんで大きな打撃を受けたね。

テーマ26

# 松平定信・水野忠邦の政治

## 年表でチェック

| 年 | おもなできごと |
|---|---|
| 1787年 | 老中の【松平定信】が【寛政の改革】を始める。（～1793年） |
| 1833年 | 【天保のききん】が起こる。（～1839年） |
| 1837年 | 大阪で【大塩平八郎】が乱を起こす。（大塩平八郎の乱） |
| 1841年 | 老中の【水野忠邦】が【天保の改革】を始める。（～1843年） |

## 重要ポイントをチェック

- **松平定信**は白河藩（福島県）藩主で**徳川吉宗**の孫にあたる。**享保の改革**を手本として，**寛政の改革**を行った。
  - ききんに備え，各地に米をたくわえさせる【囲い米の制】を行った。
  - 幕府の学問所で【朱子学】以外の講義を禁止した（**寛政異学の禁**）。
  - 【棄捐令】を出し，旗本や御家人の商人からの借金を帳消しにした。
- **寛政の改革**は一時的に幕府政治の立て直しに成功したが，その厳しい内容に人々の不満が高まり，反発をまねいた。
- **天保のききん**により多くの餓死者が出て，百姓一揆や打ちこわしがたびたび起こった。陽明学者（陽明学は儒学の一種）で，もと大阪町奉行所の役人であった**大塩平八郎**は弟子らとともに，ききんに苦しむ人々を救おうと立ち上がった。**大塩平八郎の乱**は鎮圧されたが，この出来事は幕府に大きな衝撃を与えた。
- **水野忠邦**は浜松藩（静岡県）藩主で，国内の混乱や国外の状況の変化に対応するため，幕府の力の強化を目指して天保の改革を行った。
  - 【人返し令】を出して百姓の出かせぎを禁止した。
  - 物価の引き下げを目的に【株仲間】の解散を命じた。
  - 財政の安定などを目的に【上知令】を出し，江戸や大阪周辺を直轄地にしようとしたが，大名や旗本の反対で，実行できなかった。
- **天保の改革**は2年あまりで失敗に終わった。

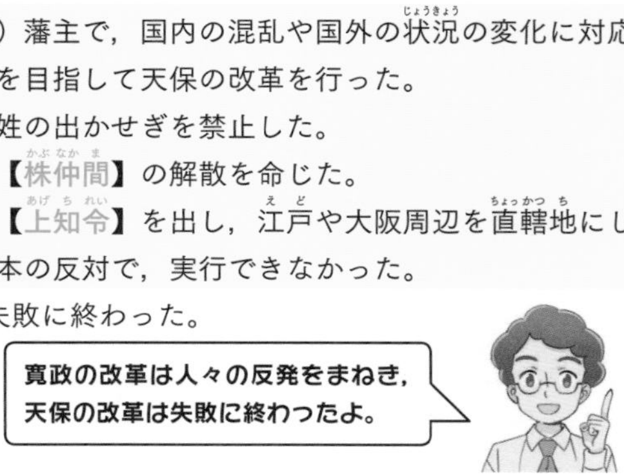

寛政の改革は人々の反発をまねき，
天保の改革は失敗に終わったよ。

## 問題演習

### ゼッタイに押さえるべきポイント

□1787年から1793年にかけて，老中の松平定信が進めた改革を【寛政の改革】という。

□凶作(きょうさく)が起きた際のききんに備えて，大名たちに米をたくわえさせた政策を【囲い米の制】という。（晃華学園中・早稲田実業中等部など）

□松平定信は，朱子学を学んだ者以外は幕府の役人に登用しないなどとした【寛政異学の禁】を行った。（横浜共立学園中など）

□松平定信は，【棄捐令】を出し，旗本や御家人らが商人などからしていた借金を帳消しにした。

□江戸に出稼(でかせ)ぎに来ていた百姓に対し，松平定信は【旧里帰農令(きゅうりきのうれい)】を出し，農村へ戻るよう促(うなが)した。できたらスゴイ!

□1837年，天保のききんに苦しむ町人を救うため，元大阪町奉行所の役人であった【大塩平八郎】が乱を起こした。（海城中・攻玉社中など）

□1841年から1843年にかけて，老中となった水野忠邦が幕府の力の強化を目指して進めた改革を【天保の改革】という。（山脇学園中など）

□水野忠邦は，株仲間を【解散】させ，商人たちが利益を独占することを防ごうとした。（東邦大学付属東邦中など）

□水野忠邦は，幕府の権力強化を目指し，江戸や大阪周辺の大名領を幕領とする【上知令】を出したが，大名らの反対にあい，失敗した。（本郷中など）

□江戸に出かせぎに来ていた農民らに対し，水野忠邦は【人返し令】を出し，農村へ帰らせることで，農村の立て直しを図った。（神奈川大学附属中など）

### 入試で差がつくポイント 解説→p152

□江戸時代に起こった次のア～エのできごとを，年代の古い順に並べ替えなさい。

ア　株仲間の解散が命じられる。　イ　大塩平八郎の乱が起こる。

ウ　囲い米の制が始められる。　エ　公事方御定書(くじかたおさだめがき)がつくられる。

【エ→ウ→イ→ア】

# テーマ27 江戸時代の交通

## 要点をチェック

**〈陸上交通〉**

- 幕府は江戸の日本橋を起点に直轄の街道として【五街道】を整備した。
  ➡【東海道】・中山道・甲州街道・日光街道・奥州街道
- 箱根など交通の要地には【関所】を置き，通行手形の提示を求めた。
- 街道沿って手紙や小荷物などを運ぶ【飛脚】の制度が発達した。

**〈海上交通〉**

- 河村瑞賢によって【東廻り航路】と【西廻り航路】が開かれた。
  ➡年貢米の輸送が目的。航路の起点は酒田（山形県）。
- 大阪と江戸の間を【菱垣廻船】や【樽廻船】が往復した。

## 重要ポイントをチェック

- 東廻り航路は津軽海峡経由で江戸まで，西廻り航路は下関経由で瀬戸内海を通り大阪までを結ぶ航路。
- 菱垣廻船は菱形の垣根をつけていたことからこの名がある。樽廻船はおもに酒樽を運んだことからこの名がある。菱垣廻船や樽廻船は大阪から江戸へ木綿，油，しょう油，酒などのさまざまな品物を輸送した。

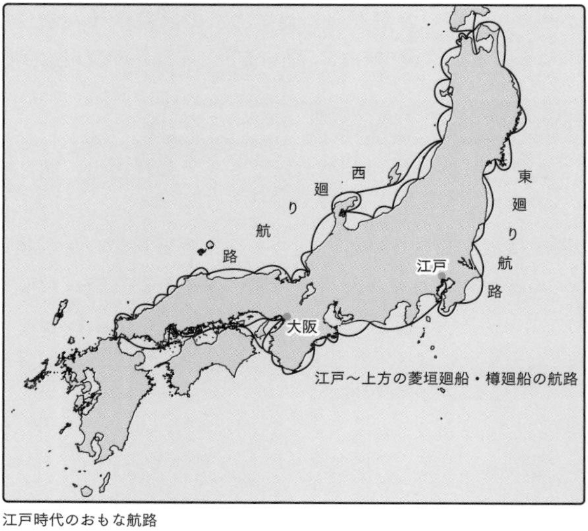


江戸時代のおもな航路

## 問題演習

### ゼッタイに押さえるべきポイント

□五街道の起点となったのは，江戸の【日本橋】である。（女子学院中など）

□【東海道】は宿場が53あり，相模，駿河，尾張など，太平洋沿いを通って京都へ至る。大井川など，難所があるのも特徴である。（開智中・女子学院中など）

□【中山道】は険しい山岳地帯を通り，峠道が多く，信濃や近江などの内陸部を通って京都へ至る。（桜蔭中・女子学院中・須磨学園中など）

□日光街道（日光道中）は，歴代の将軍が【日光東照宮】に詣でるために整備された。できたらスゴイ!（女子学院中など）

□【奥州街道】は，宇都宮まで日光道中と同じ経路であり，その後，白河へと至る街道である。

□【甲州街道】は，難所の小仏峠を通り，信濃の下諏訪で中山道と合流する。

□日本海側の各地から大阪や江戸へとつながる物資の流通路を西廻り航路といい，この航路を整えたのは【河村瑞賢】である。（昭和学院秀英中など）

□西廻り航路で使用された船を【北前船】という。できたらスゴイ!（開智中など）

□江戸と大阪間では，木綿・しょう油・酒などを運ぶ【菱垣廻船】や【樽廻船】が定期的に往復していた。（逗子開成中など）

### 入試で差がつくポイント 解説➡p152

□江戸時代には，東海道と中山道が江戸～京都間の交通に主に用いられた。東海道の方が距離は短いが，中山道を使う利点もあった。東海道と中山道の違いを踏まえて，「大井川」という言葉を使って，簡単に説明しなさい。

例：東海道は，大井川などの河川に橋がかかっておらず，天候によっては長い期間足止めされる可能性があり，難所も多かった。一方で，中山道は山道が多いが，河川で足止めされる心配がなく，計画的に移動することができた。

参勤交代や産業の発達によって，陸海の交通路が全国的に整備されたよ。

# テーマ28 江戸時代の産業

## 要点をチェック

### 〈農業と手工業の発達〉

- 【新田】の開発が進み，江戸時代初期からの約100年間で耕地面積は，約【2】倍となり，藍・菜種・【綿】などの商品作物の栽培も広まった。
- 新しい農具が発明され，農作業の能率が高まった。
- 【干鰯】（干した鰯）などのお金で購入する肥料が登場した。
- 農家の冬の副業として，各地で手工業が発達した。
  ➡18世紀ごろには【問屋制家内工業】が発達し，19世紀になると，【工場制手工業（マニュファクチュア）】が行われるようになった。

### 〈商業と都市の発達〉

- 大商人が【株仲間】と呼ばれる同業者組織をつくり，幕府に税を納めることで営業を独占し，大きな利益を上げた。
- 貨幣の交換や貸し付けなど現在の銀行のような仕事を行う【両替商】が出現し，江戸の三井，大阪の鴻池などは特に栄えた。
- 江戸時代，江戸・大阪・京都は【三都】と呼ばれ栄えた。
  ➡大阪は諸藩の【蔵屋敷】が置かれた商業の中心地として栄え，【天下の台所】と呼ばれた。
- 佐渡金山（新潟県）・生野銀山（兵庫県）・石見銀山（島根県）などの鉱山の開発が進んだ。これらの鉱山は幕府が直接支配した。

## 重要ポイントをチェック

- 江戸時代に発明された農具

【備中ぐわ】

深く耕せるくわ

【千歯こき】

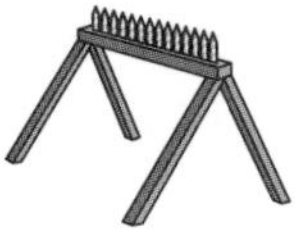

脱穀の能率を高めた道具

【千石どおし】

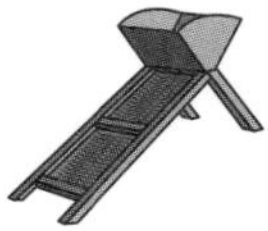

籾殻をふるい分ける道具

【とうみ】

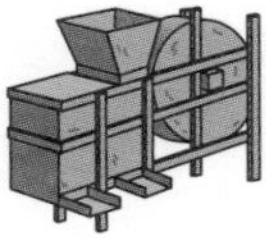

風力で玄米と籾殻を選別する道具

## 問題演習

### ゼッタイに押さえるべきポイント

□江戸時代，深く耕す【備中ぐわ】や効率的に脱穀できる【千歯こき】，もみがらを振るい落とす【千石どおし】などの農具が開発された。（逗子開成中・芝中など）

□農村では，あぶらなや麻などの【商品作物】の栽培が広がり，豊かな農民と貧しい農民との間で経済格差が大きくなった。

□綿花の栽培に用いられた，魚を原料とする肥料を【干鰯】という。（フェリス女学院中など）

□佐渡金山（新潟県）・生野銀山（兵庫県）や，世界文化遺産に登録されている【石見銀山】（島根県）などの鉱山の開発が進んだ。（金蘭千里中・須磨学園中など）

□大阪に集まった年貢米や特産物は，【蔵屋敷】に運び込まれ，堂島の米市場で販売された。（逗子開成中・白百合学園中など）

□17世紀後半には，江戸・大阪・京都が三都と呼ばれ，中でも大阪は全国の商業の中心地であることから【天下の台所】と呼ばれた。（頌栄女子学院中など）

□東日本では金，西日本では銀が流通したため，【両替商】が金銀の交換などで経済力をもった。（白百合学園中など）

### 入試で差がつくポイント 解説→p152

□江戸時代には，干鰯などの，鰯や鰊をもとにした肥料が現れた。江戸時代に登場した肥料にある，室町時代にはみられない特徴は何か。簡単に説明しなさい。（渋谷教育学園幕張中など）

［ 例：お金を出して買う肥料である。 ］

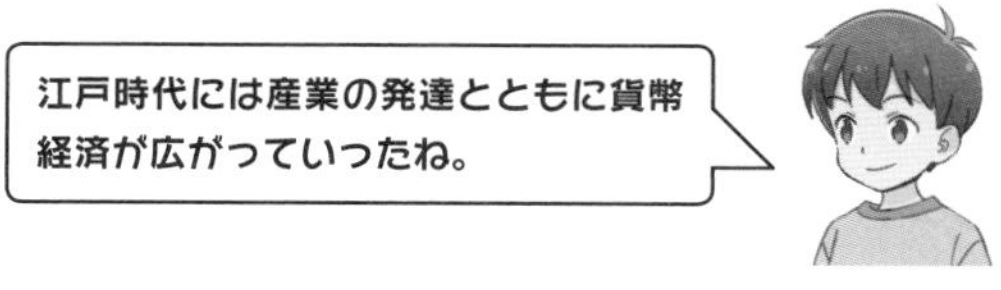

江戸時代には産業の発達とともに貨幣経済が広がっていったね。

# テーマ29 日本にせまる外国

## 年表でチェック

| 年 | おもなできごと |
|---|---|
| 1792年 | ロシアの【ラクスマン】が通商を求め，根室に来航する。 |
| 1804年 | ロシアの【レザノフ】が通商を求め，長崎に来航する。 |
| 1808年 | 【間宮林蔵】が樺太探査に出発する。<br>→翌年，樺太が島であることを確認。<br>長崎で【フェートン号】事件が起こる。<br>（樺太とシベリアとの間は間宮海峡と名付けられた。） |
| 1825年 | 幕府が【異国船（外国船）打払令】を出す。 |
| 1837年 | 【モリソン号】事件が起こる。 |
| 1839年 | 【高野長英】や渡辺崋山らが処罰される。（蛮社の獄） |
| 1842年 | 幕府が異国船（外国船）打払令をゆるめる。（薪水給与令） |

## 重要ポイントをチェック

- ラクスマンの来航後，幕府は江戸湾と蝦夷地の防備の強化を命じた。
  →1798年には近藤重蔵や最上徳内らに択捉島を探査させた。
- フェートン号事件は，イギリスの軍艦フェートン号が敵対していたオランダ船を追って長崎港に不法侵入し，食料などを強奪した事件。
- 異国船（外国船）打払令は，日本に接近する外国船を砲撃して退けるよう命じた法令。（清・朝鮮・琉球の船は対象外とされ，オランダ船も長崎以外の場所では打ち払うこととされた。）

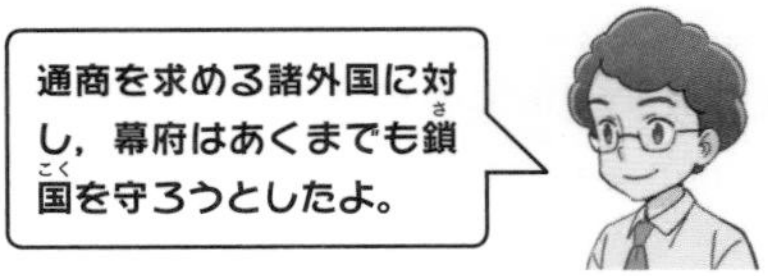

通商を求める諸外国に対し，幕府はあくまでも鎖国を守ろうとしたよ。

- モリソン号事件は，日本人漂流民の送還と通商の交渉のため来航したアメリカの商船モリソン号を，打払令に基づいて神奈川県の浦賀沖と鹿児島湾口の山川で砲撃した事件。
  →蘭学者の高野長英や渡辺崋山は，このような幕府の対外政策を批判した。
- 【アヘン戦争】（1840～42年）で清がイギリスに敗れたことを知ると，幕府は打払令の内容をゆるめた。

## 問題演習

### ゼッタイに押さえるべきポイント

□1792年，ロシアの使節【ラクスマン】が根室に来航し，漂流民の大黒屋光太夫を日本に送り届け，通商を求めた。（昭和学院秀英中・攻玉社中など）

□1808年，イギリスの軍艦が長崎の港に侵入する【フェートン号】事件が起こった。（昭和学院秀英中など）

□【間宮林蔵】は，樺太が島であることを確認した。（昭和学院秀英中など）

□【近藤重蔵】は，「大日本恵登呂府」と書かれた標柱を立て，択捉島が日本領であることを宣言した。（昭和学院秀英中など）

□1825年，幕府は【異国船（外国船）打払令】を出し，日本に近づく外国船を打ち払う方針を示した。（慶應義塾中等部など）

□ドイツ人医師の【シーボルト】は，長崎の鳴滝塾で数多くの弟子を育てたが，伊能忠敬の日本地図を海外に持ち出そうとしていたことが発覚し，国外追放処分を受けた。できたらスゴイ!（法政大学第二中・中央大学附属中など）

□1837年，通商を求めたアメリカの【モリソン号】が砲撃され追い払われた事件が起こった。（昭和学院秀英中など）

□1839年，幕府の外国船に対する方針を批判した**渡辺崋山**や**高野長英**らが処罰される【蛮社の獄】が起こった。（攻玉社中など）

□1840～1842年にかけて起こった【アヘン戦争】で清がイギリスに敗れ，イギリスの軍事力を知った幕府は**薪水給与令**を出し，外国船に対して燃料や水を与えて退去させるようにした。（明治大学付属明治中など）

### 入試で差がつくポイント 解説➡p153

□次のア～エのできごとを，年代の古い順に並べ替えなさい。

ア　モリソン号事件が起こる。

イ　ラクスマンが根室に来航する。

ウ　幕府が異国船（外国船）打払令を出す。

エ　アヘン戦争が起こる。

【イ→ウ→ア→エ】

# テーマ30 外国との条約締結

## 年表でチェック

| 年 | おもなできごと |
|---|---|
| 1853年 | アメリカの【ペリー】が4隻の軍艦（黒船と呼ばれた）を率いて神奈川県の浦賀に来航する。 |
| 1854年 | 再び来航したペリーとの間で【日米和親条約】を結ぶ。 |
| 1858年 | アメリカとの間で【日米修好通商条約】を結ぶ。<br>→アメリカの他，イギリス・フランス・オランダ・ロシアとも同様の条約を結んだため，安政の五か国条約とも呼ばれる。<br>【安政の大獄】が起こる。（～1859年）<br>→大老の【井伊直弼】が幕府の政治に反対する人々を処罰。 |
| 1860年 | 井伊直弼が水戸藩などの浪士に暗殺される。（【桜田門外の変】） |

## 重要ポイントをチェック

〈日米和親条約のおもな内容〉

- 静岡県の【下田】，北海道の【函館】の2港を開港する。
- アメリカ船が必要とする食料や水，燃料を供給する。

- 日米修好通商条約は朝廷の許可を得ないまま，幕府の大老【井伊直弼】とアメリカ総領事【ハリス】との間で結ばれた。

〈日米修好通商条約のおもな内容〉

- 函館・神奈川（横浜）・長崎・新潟・兵庫（神戸）の5港を開港。
- アメリカに【領事裁判権（治外法権）】を認め，日本に【関税自主権】がない。（日本にとって不平等な内容。）

- 領事裁判権（治外法権）は外国人が罪を犯しても，その国の法律ではなく自国の法律で裁判を受ける権利のこと。
- 関税自主権は輸入品に対して自由に関税をかける権利のこと。
- 貿易が始まると【生糸】や茶などが輸出され，【毛織物】や綿織物などが輸入された。貿易の開始により国内で品不足となり，物価が上昇した。
→人々の生活は苦しくなり，国内経済は混乱した。
- 幕府の力が弱まってきたため，幕府は朝廷と協力し公武合体の政策を進めようとした。

## 問題演習

### ゼッタイに押さえるべきポイント

□1853年，ペリーが4隻の黒船を率いて神奈川県の【浦賀】に来航し，日本に対して開国を求めた。

□1854年，日本はアメリカと日米和親条約を結び，【下田】・【函館】の2港を開くことや，アメリカ船に食料や水などを与えることを認めた。
（横浜雙葉中など）

□1858年，大老の井伊直弼とアメリカの【ハリス】との間で，日米修好通商条約が結ばれ，神奈川（横浜）・函館・長崎・新潟・兵庫（神戸）の5港を開くことなどを決めた。
（公文国際学園中等部など）

□日米修好通商条約は，相手国に【領事裁判権（治外法権）】を認め，日本に【関税自主権】がない不平等な内容であった。
（公文国際学園中等部など）

□貿易が始まると，世界で最も産業がさかんだった【イギリス】との貿易が全体の8割を占（し）めた。できたらスゴイ！
（フェリス女学院中など）

□日本は，アメリカの他，イギリス・フランス・オランダ・ロシアとも似た内容の通商条約を結んだ。これらをまとめて【安政の五か国条約】という。
（公文国際学園中等部など）

□1859年，松下村塾（しょうかそんじゅく）で多くの門下生を育てた【吉田松陰（よしだしょういん）】が，幕府の政策に反対したとして安政の大獄で処罰された。
（昭和学院秀英中など）

□1860年，安政の大獄に不満をもつ水戸藩の浪士らによって，大老の井伊直弼が【桜田門外】の変で暗殺された。
（攻玉社中など）

□統制力を弱めつつあった幕府は，朝廷との協力関係を築くことで幕府の権威（けんい）を立て直そうとし，天皇の妹を14代将軍徳川家茂（とくがわいえもち）の夫人に迎える【公武合体】の政策を進めた。
（晃華学園中・横浜共立学園中など）

### 入試で差がつくポイント 解説➡p153

□日本修好通商条約を結んだころの日本のように，すでに工業化が進んでいた国々と貿易を行う中で，関税自主権がないと，国内の産業にどのような問題が起こると考えられるか。簡単に説明しなさい。
（フェリス女学院中など）

［例：安価で良質な輸入品が国内に大量に流入し，国内の産業が育たなくなる。］

# テーマ31 江戸幕府の滅亡

## 年表でチェック

| 年 | おもなできごと |
|---|---|
| 1858年 | 天皇を敬い（尊王），外国勢力を追い払おう（攘夷）とする，【尊王攘夷】運動が高まる。（長州藩が中心） |
| 1862年 | 薩摩藩が【生麦事件】を起こす。 |
| 1863年 | 長州藩が下関海峡を通る外国船を砲撃する。<br>→攘夷の実行<br>【薩英戦争】が起こる。（生麦事件の報復） |
| 1864年 | 四国連合艦隊下関砲撃事件が起こる。（長州藩の敗北） |
| 1866年 | 【薩長同盟】が結ばれる。（攘夷から倒幕へ） |
| 1867年 | 15代将軍の【徳川慶喜】が【大政奉還】を行う。<br>朝廷が【王政復古の大号令】を出す。 |
| 1868年 | 【戊辰戦争】が始まる。 |
| 1869年 | 旧幕府軍の敗北で戊辰戦争が終わる。 |

## 重要ポイントをチェック

- **生麦事件**は横浜付近の生麦村で，薩摩藩の行列の通行を妨げたイギリス人が藩士によって殺害された事件。
- **薩長同盟**は土佐藩出身の【坂本龍馬】らの仲介で，薩摩藩の【西郷隆盛】，長州藩の【木戸孝允】らの会談によって結ばれた。
- **大政奉還**は政権を朝廷に返上すること。
- **王政復古の大号令**は大政奉還を受けて出された天皇中心の政治にもどすという宣言。
- **戊辰戦争**は新政府軍と旧幕府軍との戦い。**鳥羽・伏見の戦い**（京都）に始まり，**五稜郭の戦い**（函館）で旧幕府軍が降伏して終結。

**攘夷の不可能をさとった薩摩と長州は倒幕へと方針変更したよ。**

**四国連合艦隊下関砲撃事件は，イギリス・フランス・アメリカ・オランダの船が下関を攻撃した事件だよ。**

## 問題演習

### ゼッタイに押さえるべきポイント

□天皇を尊び，外国勢力を排除する考えを【尊王攘夷】という。

□1862年，薩摩藩士の行列を横切ったイギリス人が殺傷された【生麦】事件が起こった。（芝中など）

□1862年に起こった事件を原因として，1863年，薩摩藩とイギリスの間で【薩英戦争】が起こった。（鎌倉学園中など）

□長州藩では，松下村塾に学んだ【高杉晋作】が奇兵隊を結成した。
できたらスゴイ!　（鎌倉女学院中など）

□1866年，土佐藩出身の坂本龍馬の仲立ちにより，薩摩藩と長州藩の間で【薩長同盟】が結ばれた。（慶應義塾普通部・鎌倉女学院中など）

□坂本龍馬は，新しい政府の方針について，8か条の提案をつくった。これを【船中八策】という。できたらスゴイ!　（慶應義塾普通部など）

□1867年，江戸幕府最後の将軍徳川慶喜によって【大政奉還】が行われ，政権が朝廷に返された。（成蹊中など）

□1867年，公家の岩倉具視らによって【王政復古の大号令】が出され，天皇中心の新政府樹立が宣言された。（成蹊中など）

### 入試で差がつくポイント 解説➡p153

□次のア～エのできごとを，年代の古い順に並べ替えなさい。

ア　薩長同盟の成立　　イ　生麦事件
ウ　大政奉還　　エ　薩英戦争

【イ→エ→ア→ウ】

□大政奉還がどのようなできごとであったか，簡単に説明しなさい。
（学習院女子中等科など）

［例：江戸幕府最後の将軍徳川慶喜が，朝廷に政権を返したこと。］

薩摩の「薩」を間違えないように気をつけよう。

# テーマ32 元禄文化・化政文化

## 要点をチェック

**〈17世紀後半～18世紀初め〉**

- 【上方】（京都・大阪など）を中心に【元禄文化】が栄える。
  →明るくて活気に満ちた，華やかな町人文化。

**文芸**
- 【松尾芭蕉】…俳諧（俳句）を大成。【『奥の細道』】など。
- 【近松門左衛門】…人形浄瑠璃の脚本家。『曽根崎心中』など。
- 【井原西鶴】…浮世草子の作家。『日本永代蔵』など。

**美術**
- 【菱川師宣】…浮世絵の祖。『見返り美人図』など。
- 【尾形光琳】…装飾画を大成。『燕子花図屏風』など。

**〈19世紀前半〉**

- 【江戸】を中心に【化政文化】（文化・文政期の文化）が栄える。
  →皮肉や滑稽などを好む，円熟した町人文化。

**文芸**
- 俳諧 【小林一茶】・与謝蕪村らが活躍。
- 小説 【十返舎一九】…滑稽本の作者。『東海道中膝栗毛』など。
  【滝沢馬琴】…長編小説の作者。『南総里見八犬伝』など。

庶民の間で川柳や狂歌が流行した。

**美術**
- 【錦絵】（多色刷りの浮世絵）が発達。
  →【葛飾北斎】の『富嶽三十六景』
  【歌川広重】の『東海道五十三次』など。

## 重要ポイントをチェック

- 【蘭学】がさかんとなり，【杉田玄白】や前野良沢らによって，オランダ語の解剖医学書を翻訳した【『解体新書』】が出版された。
- 【本居宣長】が，儒教や仏教が伝わる前の日本人の考え方を明らかにする【国学】を大成し，古事記を研究して『古事記伝』を著した。
- 【伊能忠敬】は全国を測量し，正確な日本地図を作製した。
- 庶民は【寺子屋】で，「読み，書き，そろばん」と呼ばれた実用的な学問を学んだ。

江戸時代には力をつけてきた町人が，文化のにない手となったよ。

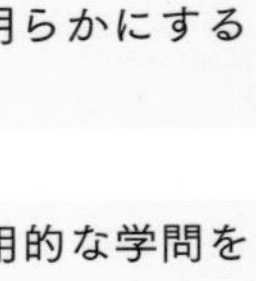

## 問題演習

### ゼッタイに押さえるべきポイント

□17世紀後半～18世紀初頭にかけて【上方】で栄えた文化を元禄文化という。

□【井原西鶴】は，浮世草子と呼ばれる小説を書き，『日本永代蔵』などを著した。（中央大学附属中など）

□『見返り美人図』を描いた【菱川師宣】は，浮世絵の祖と呼ばれている。（世田谷学園中など）

□【近松門左衛門】は『曽根崎心中』など，人形浄瑠璃の脚本を書いた。（鎌倉女学院中・西大和学園中など）

□【尾形光琳】は「琳派（りんぱ）」の一員であり，蒔絵（まきえ）の作品がある。（本郷中など）

□19世紀前半，【江戸】の町人を担い手として栄えた文化を化政文化という。

□【葛飾北斎】は富士山を好み，『富嶽三十六景』を描いた。（開成中など）

□【歌川広重】の代表作として，『東海道五十三次』がある。（大阪星光学院中・鎌倉女学院中など）

□十返舎一九の【東海道中膝栗毛】は町人の間で人気を集めた。（鎌倉女学院中など）

□【本居宣長】は古事記に注釈（ちゅうしゃく）をつけた『古事記伝』を著し，国学を大成した。（ラ・サール中など）

□杉田玄白や【前野良沢】らは，オランダ語の医学書を翻訳して『解体新書』を出版した。（四天王寺中・横浜共立学園中など）

□【蘭学事始（らんがくことはじめ）】には，杉田玄白が医学書を翻訳したときの苦心や人体の解剖を初めて見たときの感動などが記されている。できたらスゴイ！（桐光学園中・横浜雙葉中など）

□【伊能忠敬】は，全国を測量し，正確な地図をつくった。（ラ・サール中など）

### 入試で差がつくポイント 解説➡p153

□前野良沢とはどのような人物か，簡単に説明しなさい。（麻布中など）

ヒント 杉田玄白に関連する。医学書の出版までの流れをまとめる。

［例：前野良沢は蘭学者・医師であり，杉田玄白とともにオランダ語で書かれた医学書『ターヘル・アナトミア』を翻訳し，『解体新書』を出版した。］

# テーマ33 鎌倉幕府の体制

## 年表でチェック

| 年 | おもなできごと |
|---|---|
| 1185年 | 【壇ノ浦の戦い】で平氏が滅びる。(源義経の活躍)<br>→【源頼朝】が国ごとに【守護】，荘園や公領ごとに【地頭】を設置する権利を朝廷に認めさせる。 |
| 1192年 | 源頼朝が【征夷大将軍】に任じられる。 |

## 重要ポイントをチェック

〈鎌倉幕府のしくみ〉

将軍 ―― 【執権】
- 中央
  - 【侍所】(御家人の統率と軍事)
  - 【政所】(政務一般と財政)
  - 【問注所】(裁判)
- 地方
  - 【六波羅探題】(京都の警備・朝廷の監視)
  - 守護(国内の軍事と警察，御家人の統率)
  - 地頭(荘園や公領の管理，年貢の取り立て)

- 平氏討伐の兵を挙げた**源頼朝**は，本拠地である現在の神奈川県の【鎌倉】にとどまり，弟の**源義経**らを派遣して平氏を討たせた。義経らは平氏を都から西へ西へと追いつめ，現在の山口県の**壇ノ浦の戦い**でついにこれを滅ぼした。
- 源義経は，源頼朝との対立が深まると，平泉に逃れ，**奥州藤原氏**にかくまわれた。しかし，藤原秀衡の子の藤原泰衡に攻められ，自害した。
- **征夷大将軍**という地位は，源頼朝が任命されてから「武士の棟梁(統率者)」の意味を持つようになり，その政権のことを【幕府】という。
- **源頼朝**(将軍)の家来の武士のことを【御家人】という。将軍と**御家人**は土地を仲立ちとした主従関係で結ばれていた。これを【封建制度】という。

将軍 ――【御恩】→ 御家人
御家人の領地を守り，手柄があれば新たな領地を与える。

御家人 ――【奉公】→ 将軍
将軍に忠誠を誓い，戦のときは将軍のために戦う。

御恩と奉公

# 問題演習

## ゼッタイに押さえるべきポイント

□【守護】は国ごとに置かれ，軍事・警察の仕事を担った。（横浜雙葉中など）

□【地頭】は荘園や公領ごとに置かれ，年貢の取り立てを行った。（桐蔭学園中など）

□源頼朝は，弟の【源義経】をかくまったとして，平泉を拠点としていた奥州藤原氏を滅ぼした。（青山学院中等部など）

□将軍は，御家人に対して先祖代々の土地の支配を認め，手柄に応じて新たな領地を与えた。これを【御恩】という。（市川中など）

□御家人は，将軍に忠誠を誓い，戦いが起こったときには，命をかけて軍役を果たした。これを【奉公】という。（市川中など）

□鎌倉幕府において，【問注所】は，裁判の役割を担った。

□【鎮西奉行】は，九州の御家人の統率や沿海の防備の役割を担った。（鎌倉学園中など）

できたらスゴイ！

## 入試で差がつくポイント 解説→p153

□幕府を開いた源頼朝と，武士たちは御恩と奉公という関係で結ばれていた。この御恩について，簡単に説明しなさい。（お茶の水女子大学附属中など）

**ヒント** 御恩の2つの性質をまとめる。

［ 例：御恩とは，武士が先祖代々の土地を支配することを認め，手柄を立てたときは土地などの恩賞を与えたこと。 ］

□鎌倉にあった切通しには，戦いに対する備えとしてどのような工夫がされていたか。簡単に説明しなさい。（フェリス女学院中など）

［ 例：多くの敵が一度に通れないように，道幅を狭くしていた。 ］

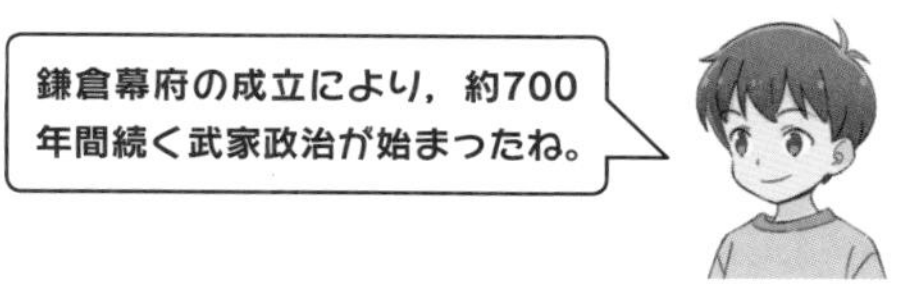

鎌倉幕府の成立により，約700年間続く武家政治が始まったね。

# テーマ34 執権政治と承久の乱

## 年表でチェック

| 年 | おもなできごと |
|---|---|
| 1203年 | 源頼朝の妻【北条政子】の父である北条時政が2代将軍源頼家を廃し，弟の【源実朝】を3代将軍に立てて政治実権をにぎる。<br>→この時政の地位は【執権】と呼ばれた。 |
| 1221年 | 【後鳥羽上皇】が【承久の乱】を起こし，幕府に敗れる。<br>→幕府が京都に【六波羅探題】を設置する。 |
| 1232年 | 3代執権の【北条泰時】が【御成敗式目（貞永式目）】を制定する。 |

## 重要ポイントをチェック

- 執権の地位は【北条氏】によって世襲され，執権が幕府の政治の実権をにぎるようになった。これを**執権政治**という。
- 1219年に**源実朝**が暗殺されると，**後鳥羽上皇**は幕府から政治の実権を取り戻そうとして北条義時の追討令を出し，**承久の乱**を起こした。**北条政子**は御家人たちに頼朝の御恩を説いて結束を訴え，幕府軍は朝廷方の軍勢を破った。
- 承久の乱の後，後鳥羽上皇は現在の島根県の隠岐に流刑となった。幕府は京都に**六波羅探題**を設置して朝廷を監視した。**承久の乱**の勝利により，それまで東日本が中心であった幕府の勢力が西日本にも拡大した。
- **御成敗式目**は**御家人**に対し，頼朝以来の先例や武士の慣習，道徳に基づき，守護や地頭の職務や権限，土地をめぐる争いを公平に裁くための基準を示したもの。【貞永式目】とも呼ばれ，51か条からなる。

〈御成敗式目〉

一，地頭が年貢を納めないと荘園領主から訴えがあれば，年貢を計算して弁償させよ。

一，国司，荘園領主の裁判に幕府は口を出さない。

一，二十年以上継続してその土地を支配していれば，その土地はその者の所有となる。

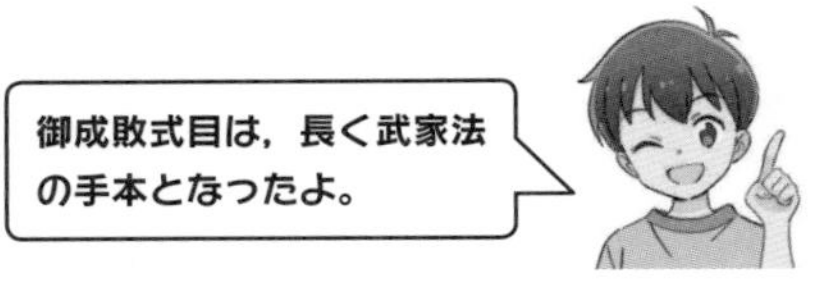

御成敗式目は，長く武家法の手本となったよ。

## 問題演習

### ゼッタイに押さえるべきポイント

□源頼朝の死後，幕府の実権は妻の北条政子や，将軍の補佐役の執権となった政子の父【北条時政】がもつようになった。

□1219年，3代将軍【源実朝】が一族の公暁に暗殺され，源氏の将軍は断絶した。（頌栄女子学院中など）

□1221年，鎌倉幕府の打倒を目指す【後鳥羽上皇】が挙兵し，2代執権である【北条義時】の追討令が出されて承久の乱が始まった。（海陽中・暁星中・西大和学園中など）

□承久の乱に際して，尼将軍と呼ばれた【北条政子】が演説を行い，御家人らの団結を説いた。（大妻中・鎌倉女学院中など）

□承久の乱に勝利した幕府は，京都に【六波羅探題】を置き，京都の警備・朝廷の監視や西国の武士の統率を行った。（横浜雙葉中など）

□承久の乱に敗れた上皇は，【隠岐】に配流された。（鎌倉女学院中など）

□1232年，3代執権北条泰時は，武士の裁判の基準となる【御成敗式目】を定め，御家人の権利や義務などを示した。（雙葉中・西大和学園中・高槻中など）

### 入試で差がつくポイント 解説➡p153

□承久の乱以降に設置された六波羅探題の役割を，簡単に説明しなさい。

**ヒント** 六波羅探題は京都に置かれた役職である。承久の乱以後に置かれたという点に着目して，解答をまとめる。

［ 例：朝廷の監視を行い，西日本の武士を統率すること。 ］

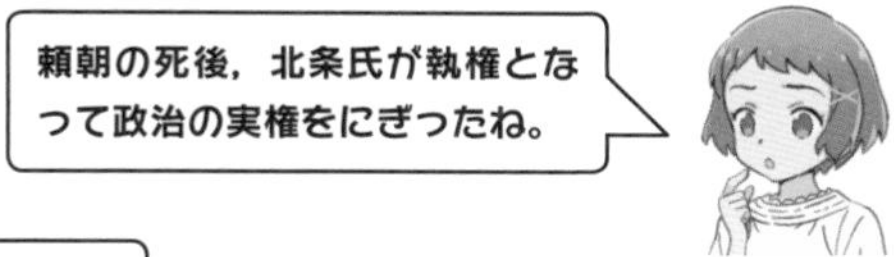

頼朝の死後，北条氏が執権となって政治の実権をにぎったね。


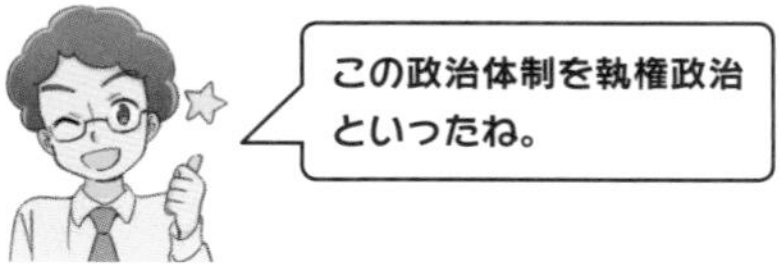

この政治体制を執権政治といったね。

# テーマ35 元寇と鎌倉幕府の滅亡

## 年表でチェック

| 年 | おもなできごと |
|---|---|
| 13世紀初め | チンギス・ハンが【モンゴル】民族をまとめ，のちにアジアからヨーロッパにまたがる大帝国が成立する。（モンゴル帝国） |
| 1271年 | 【フビライ・ハン】が都を大都（現在の北京）に移し，国号を【元】と改める。（1279年に宋を滅ぼし，中国全土を統一）<br>→高麗（朝鮮）を従えたフビライは，日本も従えようとたびたび使いを送る。8代執権の【北条時宗】はこれを拒否する。 |
| 1274年 | 【文永の役】が起こる。 |
| 1281年 | 【弘安の役】が起こる。 |
| 1297年 | 【永仁の徳政令】が出される。 |
| 1333年 | 鎌倉幕府が滅亡する。 |

文永の役と弘安の役を合わせて【元寇】という。

## 重要ポイントをチェック

- 文永の役では元と高麗の連合軍約3万人が九州北部に襲来した。幕府軍は元軍の集団戦法や火薬を使った武器に苦戦したが，やがて元軍は退いた。
- 弘安の役では元と高麗の連合軍に宋も加えた連合軍約14万人が再び九州北部へ襲来した。幕府は海岸に築いた防塁（石塁）で元軍の上陸を防いだ。上陸をはばまれているあいだにおこった暴風雨により，元軍は大きな被害を受けて再び退いた。
- 元寇での恩賞の不足や領地の分割相続などが原因で，御家人たちの生活が苦しくなり，借金を返せずに領地を失う者もあった。
- 永仁の徳政令は生活が苦しくなった御家人を救うため，幕府が出した御家人の借金を帳消しにする命令。あまり効果はなく，社会の混乱を招いた。
- 北条氏に対する御家人たちの不満が高まるなか，【後醍醐天皇】は足利尊氏，新田義貞，楠木正成らの協力で鎌倉幕府を滅ぼした。

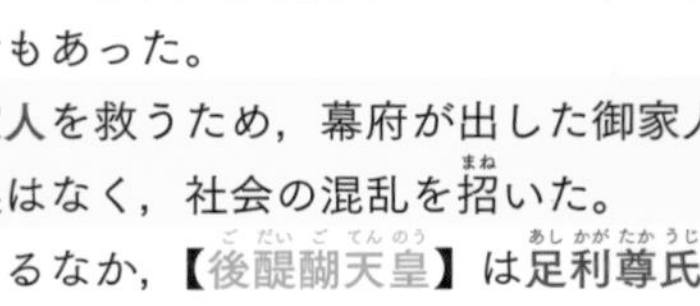
御家人たちの不満が
鎌倉幕府滅亡の原因
となったんだね。

## 問題演習

### ゼッタイに押さえるべきポイント

□元の皇帝【フビライ・ハン】は日本に対して服属を求めた。
（関西大学第一中・公文国際学園中等部など）

□1274年の元軍の襲来を【文永の役】，1281年の元軍の襲来を【弘安の役】といい，これら2つを合わせて一般に元寇という。（浦和明の星中など）

□元寇が起こったとき，幕府の実権は8代執権【北条時宗】がにぎっていた。
（晃華学園中など）

□1274年の元軍の襲来の後，幕府は北九州の沿岸の警備を固める役割を担う【異国警固番役】を強化した。できたらスゴイ!（慶應義塾普通部・鎌倉学園中など）

□幕府は，北九州の博多湾岸に【防塁（石塁）】を築いて，元軍の襲来に備えた。
（浅野中など）

□九州の御家人【竹崎季長】は，自らの武功を認めてもらうため，『蒙古襲来絵詞』を描かせ，鎌倉にのぼった。（広尾学園中・吉祥女子中など）

□元寇の後，生活が苦しくなった御家人のため，幕府は【（永仁の）徳政令】を出して御家人らを救おうとした。（豊島岡女子学園中など）

□【新田義貞】は，後醍醐天皇の呼びかけに応じ，上野（現在の群馬県）から鎌倉に攻めのぼり，幕府を滅ぼした。（洗足学園中・立教新座中など）

### 入試で差がつくポイント 解説➡p153

□次のア～エのできごとを，年代の古い順に並べ替えなさい。

ア　弘安の役が起こる。　イ　承久の乱が起こる。
ウ　御成敗式目が定められる。　エ　永仁の徳政令が出される。

【イ→ウ→ア→エ】

□鎌倉幕府が永仁の徳政令を出した理由を，元寇が御家人に与えた影響を踏まえて，簡単に説明しなさい。（晃華学園中など）

［例：元寇は防衛戦だったため，幕府は御家人らに十分な恩賞を与えることができず，生活の苦しくなった御家人を救う必要があったから。］

# テーマ36 鎌倉時代の産業と社会

## 要点をチェック

### 〈武士のくらし〉

- 多くの武士は領地で質素なくらしをし，農業を営んでいた。
- 【館】と呼ばれる簡素で実用的な草や板ぶきの住居を構えていた。
  ➡まわりには掘や溝，塀がめぐらされ，戦に備えていた。
- 戦に備え，笠懸，流鏑馬，犬追物など武芸の訓練を行った。

### 〈農民のくらし〉

- 地頭が置かれた荘園では，農民は荘園領主と地頭の二重支配を受け，大きな負担に苦しんでいた。
- 紀伊国（和歌山県）阿氐河荘の農民のように，地頭の横暴を荘園領主に訴える者もあった。

### 〈産業の発達〉

- 農業では牛馬耕や鉄製農具が広まり，【草木の灰（草木灰）】が肥料として用いられるようになったことから，生産が高まった。
  ➡近畿地方を中心に米の裏作に麦をつくる【二毛作】が広まった。
- 農業生産の高まりとともに，寺社の門前や交通の要所などで，月に3回の【定期市】が開かれるようになった（三斎市）。

## 重要ポイントをチェック

- 定期市では商品の売買に中国から輸入された【宋銭】が使われた。京都や鎌倉には銭を貸す高利貸しも現れた。
- 都市の商工業者たちは【座】と呼ばれる同業者組織をつくるようになった。
- 農具をつくる鍛冶屋，染め物をする紺屋などの手工業者が農村内に住んで仕事をするようになった。
- 各地の港には【問（問丸）】と呼ばれる品物の輸送や保管などを行う運送業者も現れた。
- 鎌倉時代の武士は，一人の子どもが単独で相続するのではなく，男子も女子も子ども全員に分割して相続する，【分割相続】を行っていた。そのため，領地や財産が細分化し，御家人の困窮を招いた。

鎌倉時代には農業生産の高まりとともに商工業が発達したね。

## 問題演習

### ゼッタイに押さえるべきポイント

□鎌倉時代になると，荘園の土地を折半して，半分を地頭に与える【下地中分】が行われるようになった。できたらスゴイ!　（鷗友学園女子中など）

□武士は，馬に乗って弓を射る笠懸・流鏑馬・【犬追物】などで武芸の腕をみがいた。　（早稲田実業中等部など）

□西日本を中心に，米と麦の【二毛作】が広まり，草木灰が肥料として用いられた。　（栄東中・雙葉中など）

□鎌倉時代になると，鉄製の農具を【牛馬】に引かせ，水田を耕すようになった。　（女子学院中など）

□寺社の門前や交通の要地などで，【定期市】が開かれるようになった。　（江戸川学園取手中など）

□鎌倉時代になると，中国から輸入された【宋銭】が普及し，貨幣経済が浸透していった。

□子孫への遺産が【分割相続】であったため，領地が細分化され，経済的に苦しくなる武士が増えた。　（神奈川大学附属中など）

### 入試で差がつくポイント　解説→p153

□鎌倉時代の社会について説明した文として誤っているものを，次のア～エから1つ選びなさい。

ア　牛や馬に鉄製の農具をひかせるなど，牛馬が農耕に利用されるようになった。

イ　農具をつくる鍛冶屋，染め物をする紺屋などの手工業者が農村内に住んで仕事をするようになった。

ウ　寺社の門前や交通の要所などで，定期市が開かれるようになった。

エ　各地の武士は寝殿造と呼ばれる館に住んでいた。

【エ】

**鎌倉時代，室町時代，江戸時代それぞれの社会や産業について，比較しながら整理しておけるといいね。**

# テーマ37 鎌倉時代の文化

## 年表でチェック

| 年 | おもなできごと |
|---|---|
| 1175年 | 法然が【浄土宗】を開く。 |
| 1191年 | 栄西が【臨済宗】を開く。 |
| 1224年 | 親鸞が【浄土真宗（一向宗）】を開く。 |
| 1227年 | 道元が【曹洞宗】を開く。 |
| 1253年 | 日蓮が【日蓮宗（法華宗）】を開く。 |
| 1274年 | 一遍が【時宗】を開く。 |

臨済宗と曹洞宗を【禅宗】といい，中国から伝わった。

日蓮は幕府を批判し，迫害を受けた。

## 重要ポイントをチェック

- 鎌倉時代には武士の気風を反映した素朴で力強い文化が生まれた。
- 鎌倉時代には，それまでの加持祈祷（望みがかなうよう祈ること）や学問としての仏教から，武士や庶民の気持ちにあった仏教へと変化した。

| 宗派 | おもな教えなど |
|---|---|
| 浄土宗 | 阿弥陀仏を信じ，「南無阿弥陀仏」と念仏を唱えれば極楽往生できる。 |
| 浄土真宗 | 念仏を唱え，阿弥陀仏を信じさえすれば，悪人でも救われる。 |
| 時　宗 | 善人，悪人や信心の有無を問わず，人はみな阿弥陀仏によって救われる。 |
| 日蓮宗 | 「南無妙法蓮華経」の題目を唱えれば，人も国家も救われる。 |
| 臨済宗 | 座禅と師との問答によって悟りが開けるとし，幕府の保護を受けた。 |
| 曹洞宗 | ひたすら座禅に打ちこむことで悟りが開けるとした。権力をきらった。 |

### 〈鎌倉時代の文学・建築・彫刻・絵画〉

**文学**
- 合戦のようすをえがいた軍記物と呼ばれる物語が流行。
  ➡代表作は【『平家物語』】で，琵琶法師の語りによって広まった。
- 歌集…【『新古今和歌集』】や『金槐和歌集』など。
- 随筆…吉田兼好（兼好法師）の【『徒然草』】や鴨長明の『方丈記』など。

**建築と彫刻**
- 【東大寺南大門】と金剛力士像（運慶・快慶らが制作に携わった）など。

**絵画**
- 写実的な似絵（肖像画）…『伝源頼朝像』など。
- 絵巻物…『蒙古襲来絵詞』，『一遍上人絵伝』など。

# 問題演習

## ゼッタイに押さえるべきポイント

□13世紀初頭，運慶・快慶らによって，東大寺南大門に【金剛力士像】が制作された。（本郷中など）

□後鳥羽上皇の命令を受け，藤原定家らは【『新古今和歌集』】を編集した。（開智日本橋中・攻玉社中など）

□鴨長明は，随筆の【『方丈記』】で仏教的無常観を表した。（栄東中など）

□吉田兼好は，随筆の【『徒然草』】を著し，庶民の生活をいきいきと描いた。

□【『琵琶法師』】によって語られた軍記物の『平家物語』は，民衆の間に親しまれた。（須磨学園中など）

□法然は【浄土宗】を開き，一心に念仏（南無阿弥陀仏）を唱えれば，だれでも極楽浄土へ行けると説いた。（吉祥女子中など）

□法然の弟子の【親鸞】は浄土真宗を開き，自分の罪を自覚した悪人こそ救われるとする悪人正機説を説いた。（明治大学付属明治中・逗子開成中など）

□一遍は，時宗を開き，【踊念仏】で人々に念仏信仰をすすめた。（浅野中など）

□日蓮は，日蓮宗（法華宗）を開き，【「南無妙法蓮華経」】という題目を唱えれば人も国も救われるとし，『立正安国論』を著した。（浅野中・攻玉社中など）

□中国から禅宗を伝えた僧のうち，栄西は【臨済宗】を伝え建仁寺を，道元は【曹洞宗】を伝え永平寺を開いた。（早稲田大学高等学院中学部・世田谷学園中など）

## 入試で差がつくポイント 解説➡p153

□栄西の業績について述べた文として正しいものを，次のア～エから2つ選びなさい。

**ヒント** 鎌倉時代の仏教と，それを開いた人，開いた寺を整理して考えよう。

ア　臨済宗を開いた。
イ　お茶を飲む習慣を日本に広めた。
ウ　久遠寺を開いた。
エ　『立正安国論』を記した。

【ア，イ】

テーマ38

# 建武の新政・南北朝の動乱

## 年表でチェック

| 年 | おもなできごと |
|---|---|
| 1333年 | 鎌倉幕府が滅亡する。 |
| 1333年 | 【後醍醐天皇】が【建武の新政】を開始する。（天皇や公家中心の政治） |
| 1335年 | 【足利尊氏】が建武の新政に不満を持つ武士をまとめ，挙兵する。 |
| 1336年 | 後醍醐天皇が現在の奈良県の【吉野】に逃れる。<br>足利尊氏が京都に光明天皇を立てる。 |
| 1338年 | 足利尊氏が光明天皇から征夷大将軍に任じられる。 |

## 重要ポイントをチェック

- 後醍醐天皇が行った建武の新政は，天皇や公家を中心とした政治で，鎌倉幕府を倒すのに貢献した武士に対する恩賞が少なかったため，武士の不満が高まっていった。
- 後醍醐天皇の政治の混乱は，京都の【二条河原の落書】に表されている。
- 武家政治の復活を呼びかけた足利尊氏の挙兵によって，建武の新政は2年あまりで失敗に終わった。
- 吉野に逃れた後醍醐天皇の朝廷を南朝，足利尊氏が京都に立てた朝廷を北朝といい，2つの朝廷の争いは約【60】年間も続いた。
  →この対立の時代を【南北朝】時代という。

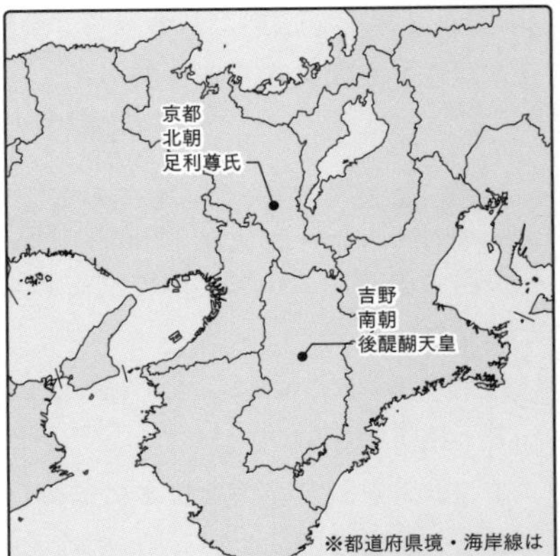

※都道府県境・海岸線は現在のもの

- 後醍醐天皇の死後，足利尊氏がその冥福を祈るために天龍寺を建てた。

建武の新政の後，南北朝の争いが約60年間も続いたよ。

## 問題演習

### ゼッタイに押さえるべきポイント

□鎌倉幕府滅亡後，後醍醐天皇は【建武の新政】を行ったが，天皇や公家中心の政治であり，武士の反発を招いた。（白百合学園中など）

□後醍醐天皇による政治が行われていた頃，京都で【二条河原の落書】が掲げられ，政治や世の中の混乱が表された。（早稲田実業中等部など）

□1336年，足利尊氏は，【湊川の戦い】で，後醍醐天皇方の中心となっていた楠木正成らを破った。できたらスゴイ！

□足利尊氏が京都の北朝に新しい天皇を立てた頃，奈良の【吉野】では南朝が立てられ，南北朝時代が始まった。（穎明館中など）

□【天龍寺】は，足利尊氏が後醍醐天皇の菩提を弔うために建てられた。

### 入試で差がつくポイント 解説➡p153

□鎌倉時代～室町時代初期のできごとについて，次のア～オを年代の古い順に並べ替えなさい。

ア　南北朝に分かれた朝廷に，武士がそれぞれ味方して，約60年間争った。
イ　源頼朝は，朝廷の許可を得て全国に守護や地頭を設置した。
ウ　足利尊氏が建武の新政に不満を持つ武士を集めて挙兵した。
エ　北条時宗が元の要求を拒否し，元軍が2度にわたって攻めてきた。
オ　承久の乱の結果，執権政治が確立した。

【イ→オ→エ→ウ→ア】

二条河原の落書からは，夜に強盗が出たり，偽の天皇の命令が出されたりと，混乱した様子が伝わってくるね。

挙兵後，京都を占領した足利尊氏は，建武式目を制定して，室町幕府の政治指針を示したよ。

# テーマ39 室町幕府の体制・足利義満の政治

## 年表でチェック

| 年 | おもなできごと |
|---|---|
| 1338年 | 足利尊氏が征夷大将軍に任じられ，京都に幕府を開く。 |
| 1378年 | 3代将軍【足利義満】が京都の室町に「花の御所」と呼ばれた邸宅をつくり，政治を行う。（室町幕府の名の由来） |
| 1392年 | 足利義満が【南北朝を合一】する。（北朝が南朝を吸収） |
| 1404年 | 足利義満が【明】との間で【勘合】貿易を開始する。 |

## 重要ポイントをチェック

**〈室町幕府のしくみ〉**

将軍 ―― 【管領】
- 中央
  - 【侍所】（武士の統率と京都の警備）
  - 【政所】（幕府の財政）
  - 【問注所】（記録と裁判）
- 地方
  - 【鎌倉府】（関東8か国などの支配）
  - 守護 ―― 地頭

- 室町幕府では将軍を補佐する役職として管領が置かれた。
  →管領には足利氏一門の斯波氏・畠山氏・細川氏の3氏が交代でついた。
- 勘合貿易は元にかわって中国を統一した明が，日本に対し【倭寇】（中国や朝鮮の沿岸に出没した海賊）の取りしまりを求めてきたことから始まった。
- 倭寇と正式な貿易船を区別するため，明との貿易では勘合という合い札を用いた。日本は明から【銅銭】や生糸などを輸入し，刀剣や【銅】などを輸出した。

勘合

- 足利義満の死後，有力な【守護大名】（一国を自分の領国のように支配するようになった守護）が勢力をのばし，将軍の力はおとろえた。
- 15世紀の初め，尚氏が沖縄本島を統一して，【琉球王国】を建国した。琉球王国は，輸入した品物を他の国へ輸出する【中継貿易】で発展した。
- 琉球王国の王宮は首里城で，その遺跡が世界文化遺産に登録。

## 問題演習

### ゼッタイに押さえるべきポイント

□室町幕府では，将軍の補佐役として【管領】が置かれ，室町時代の中期以降は細川氏・斯波氏・【畠山】氏が交代で就任した。

（明治大学付属中野中・城北中など）

□3代将軍【足利義満】のとき，南北朝の合一が果たされ，南北朝の動乱が終わった。（公文国際学園中等部・城北中・西大和学園中など）

□守護が権力を増して成長した【守護大名】は，任命された国を自分の領地のように統治した。（雙葉中など）

□中国や朝鮮半島沿岸で海賊行為を行う集団を【倭寇】といい，日明貿易（【勘合】貿易）はこの集団の取り締まりを条件に始まった。（城北中など）

□日明貿易で，日本は刀や銅などを輸出し，明から【銅銭】や生糸，絹織物，陶磁器などを輸入した。（白百合学園中など）

□【首里城】は，琉球王国の王宮として栄えた城である。（巣鴨中など）

□琉球王国は，東南アジア・明・日本との間での【中継】貿易により栄えた。

### 入試で差がつくポイント 解説➡p154

□勘合が用いられた目的を，明が室町幕府に要求していたことに触れながら，簡単に説明しなさい。（鷗友学園女子中など）

［例：明は倭寇の取り締まりを日本に要求していて，勘合は日本の正式な貿易船であることを証明するために用いられた。］

□日明貿易は，平氏政権のもとで行われていた日宋貿易とは外交形式の上で大きなちがいがあった。このちがいについて，簡単に説明しなさい。

（市川中など）

［例：日宋貿易は宋の商人が日本に来航して私貿易を行っていたが，日明貿易は明の臣下として日本船が朝貢した。］

明から輸入した銅銭は，明銭と呼ばれたね。

# テーマ40 応仁の乱・戦国の世へ

## 年表でチェック

| 年 | おもなできごと |
|---|---|
| 1467年 | 【応仁の乱】が始まる。（～1477年）→以後，【戦国時代】へ。<br>• 有力な**守護大名**の勢力争いに，8代将軍【足利義政】の跡継ぎ問題や管領家の相続争いなどがからんで始まった。<br>→足利義政の妻である日野富子が自らの子を将軍につけようとしたのも一因。<br>• **細川勝元**（東軍）と**山名持豊**（西軍）の争いという形をとった。全国の守護大名も二派に分かれて戦い，戦乱は京都を中心に約【11】年間続いた。→**足軽**という歩兵が活躍 |

## 重要ポイントをチェック

• **応仁の乱**は決着がつかず両軍和議の形で終了した。
→戦乱で幕府の力はおとろえ，将軍も名ばかりの存在となった。京都を逃れた公家などにより，京都の文化が地方へ広まった。

• **応仁の乱**によって**守護大名**の力はおとろえ，その家来や土地の武士などが実力で**守護大名**を倒し，領地を支配するようになった。このような風潮を【下剋上】という。

• **下剋上**の風潮のなかで実力で領国を支配した大名を【戦国大名】という。

• **戦国大名**たちは領地を広げるため，たがいにはげしい戦いをくり返し，戦乱の絶えない時代が約【100】年間続いた。この時代を**戦国時代**という。

• **戦国大名**は【分国法（家法）】と呼ばれる法令を定め，領国内の武士や農民を支配した。さらに，領国の要地に城をかまえ，そのまわりに家来を住まわせて【城下町】を形成した。

> 分国法（家法）
> 一，今川家の家臣は，勝手に他国より嫁や婿を取ったり，他国へ嫁に出すことは禁止する。（今川仮名目録）
> 一，けんかや口論はかたく禁止する。…このことにそむいた者は，…双方を処罰する。（長宗我部元親百箇条）

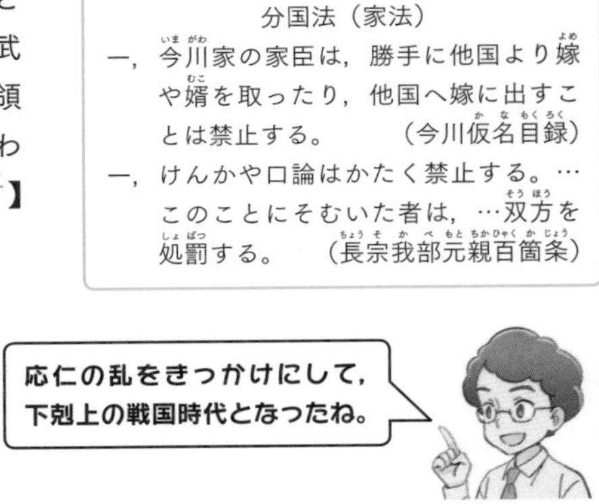

応仁の乱をきっかけにして，
下剋上の戦国時代となったね。

# 問題演習

## ゼッタイに押さえるべきポイント

□1467年，8代将軍【足利義政】の跡継ぎなどをめぐって，幕府の有力な守護大名どうしの対立が深まり，応仁の乱が起こった。（日本女子大学附属中など）

□応仁の乱が起こったときの将軍の妻は【日野富子】である。（鎌倉女学院中など）

□応仁の乱では，身分の低い【足軽】と呼ばれる武士が放火や略奪（りゃくだつ）をはたらいたために，京都は焼け野原になった。（早稲田大学高等学院中学部など）

□守護大名にかわって，実力のある新しい大名が実権をうばうなど，下の身分の者が実力で上の者の地位をうばうことを【下剋上】という。（大妻中など）

□戦国大名は，喧嘩（けんか）両成敗などを定めた【分国法】と呼ばれる独自の法を制定した。（江戸川学園取手中など）

□戦国大名のうち，【朝倉（あさくら）】氏は現在の福井県にあたる越前（えちぜん）を，【今川】氏は現在の静岡県にあたる駿河（するが）を支配した。できたらスゴイ!（城北中など）

□戦国大名の武田信玄（たけだしんげん）は，甲府（こうふ）盆地を河川の氾濫（はんらん）から守るため，土木工事を行い，【信玄堤（しんげんづつみ）】と呼ばれる堤防（ていぼう）を築いた。できたらスゴイ!（城北中など）

## 入試で差がつくポイント 解説→p154

□京都の祇園祭（ぎおんまつり）は9世紀ごろから毎年行われている伝統的な祭りだが，1500年に再興されるまで30年以上中断した時期があった。この時の中断の原因となったできごとを答えなさい。（栄東中など）

【応仁の乱】

□室町時代に関東に勢力をもっていた足利氏の家臣を，次のア～エから1つ選びなさい。（開成中など）

ア　今川氏　　イ　上杉（うえすぎ）氏　　ウ　細川氏　　エ　武田氏

【イ】

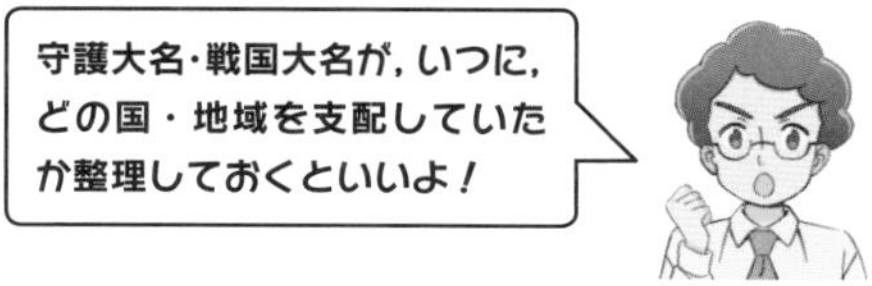

守護大名・戦国大名が，いつに，どの国・地域を支配していたか整理しておくといいよ！

# テーマ41 室町時代の産業と社会

## 要点をチェック

**〈産業の発達〉**

- 鎌倉時代に近畿地方で始まった【二毛作】が関東地方へも広まった。
- 各地で特産物の栽培や生産がさかんになった。
- 月に6回の【定期市】が開かれるようになった。（六斎市）
- 交通の要地には港町や宿場町，寺社の門前には門前町が発達した。

**〈民衆の成長〉**

- 農民たちは【名主】と呼ばれる有力な農民を中心に団結した。
  ➡【惣（惣村）】と呼ばれる組織をつくり，【寄合】を開いて村のおきてを定め，用水の利用などについて相談し，【自治】を行った。
- 京都や堺，博多などでは有力な商工業者である【町衆】によって自治が行われた。

## 重要ポイントをチェック

- 三河（愛知県）の綿花，紀伊（和歌山県）のみかん，宇治（京都府）の茶など，各地で特産物の栽培がさかんになった。
- 手工業が発達して専門の職人が増え，西陣織（京都府）や博多織（福岡県）などの絹織物の他，陶器や紙など，各地で特産品の生産がさかんになった。
- 定期市では宋銭の他，永楽通宝などの【明銭】が使われた。
- 鉱山の開発も進み，現在の島根県にある【石見銀山】などが開発された。
- 産業の発達にともない，運送業や金融業も発達した。
  - 【問屋】…鎌倉時代の問丸（問）から発展した業者。
    →生産者から商品を仕入れて小売業者に販売した。
  - 【馬借】…馬の背に荷物をのせて運んだ運送業者。
  - 【車借】…荷物を車にのせ，牛や馬に引かせて運んだ運送業者。
  - 【土倉】…鎌倉時代，室町時代の高利貸し。
  - 【酒屋】…酒の製造業者で高利貸しをかねた。

室町時代には民衆の力が強くなり，
農村や大都市で自治が行われたね。

# 問題演習

## ゼッタイに押さえるべきポイント

□貴族や寺社の保護を受け，商工業者らがつくった同業者の組合を【座】という。（三田国際学園中・栄東中・白百合学園中など）

□室町時代に活躍（かつやく）した陸上の運送業者を【馬借】という。（白百合学園中など）

□港で品物の保管や運送を行った業者を【問丸（問）】という。（白百合学園中など）

□貨幣が一般的に使用されるようになると，【土倉】や酒屋などが，高い利子でお金を貸した。（栄東中など）

□貴族や寺社などは交通の要所に【関所】をつくり，通行税を取り立て，通行人の安全を守った。できたらスゴイ!（昭和学院秀英中・早稲田実業中等部など）

□【西陣織】は，応仁の乱後，守護大名の山名氏が本陣をかまえていた場所で，職人たちが絹織物業を復興させた歴史を持つ。（中央大学附属中など）

□世界遺産にも登録されている【石見銀山】が開発され，ヨーロッパでもその名が知られていた。（慶應義塾湘南藤沢中等部など）

## 入試で差がつくポイント 解説→p154

□鎌倉・室町時代の関所の主な役割について，簡単に説明しなさい。（昭和学院秀英中など）

［例：通行税を取り立てて，貴族や寺院などの収入源となること。］

□日本各地で鉱山の開発が進み，銀の生産量が急激に増えた時期として正しいものを，次のア～エから1つ選びなさい。（女子学院中など）

ア　16世紀前半　　イ　17世紀前半

ウ　18世紀前半　　エ　19世紀前半

【ア】

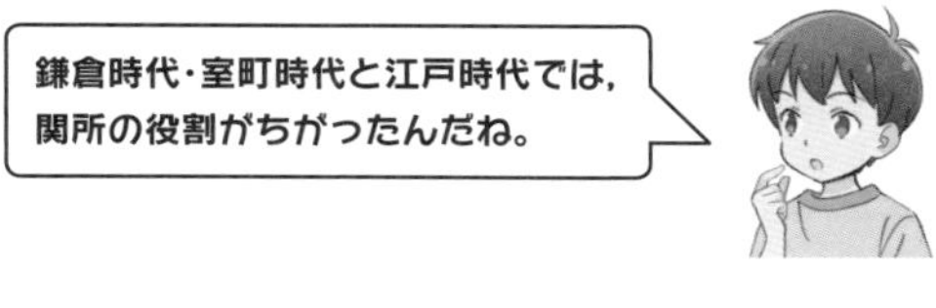

鎌倉時代・室町時代と江戸時代では，
関所の役割がちがったんだね。

# テーマ42 村の自治と一揆

## 年表でチェック

| 年 | おもなできごと |
|---|---|
| 南北朝時代 | 名主を中心に農民が団結し，各地に惣（惣村）ができる。<br>→団結を固めた農民たちは，年貢の軽減などを求め，荘園領主や守護大名に武力で対抗するようになる。 |
| 1428年 | 【正長の土一揆】が起こる。 |
| 1485年 | 【山城国一揆】が起こる。 |
| 1488年 | 【加賀の一向一揆】が起こる。 |

一揆は農民などが主体となり，支配者に反抗した共同行動のこと。

## 重要ポイントをチェック

- 正長の土一揆は近江国（滋賀県）の馬借を中心に近畿一円で起きた。
  →【徳政令】を要求して土倉や酒屋を襲った。（大規模な最初の一揆）
  ※徳政令を要求したことから正長の徳政一揆ともいう。
- 山城国一揆は山城国（京都府）の【国人】（農村に住む土着の武士）が中心となって起こした。
  →守護の【畠山】氏の軍勢を追い出し，【8】年間自治を行った。
- 加賀の一向一揆は加賀国（石川県）で一向宗の門徒（浄土真宗の信者）が中心となって起こした。
  →守護の【富樫】氏を倒し，約【100】年間自治を行った。加賀国は「百姓の持ちたる国」といわれた。

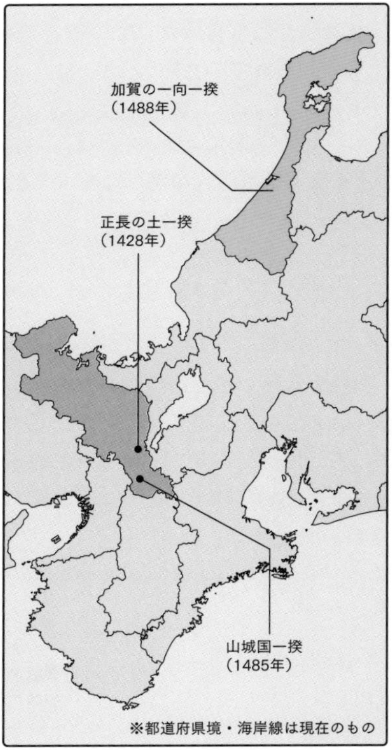


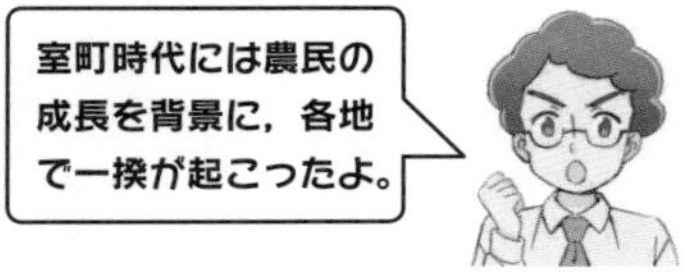

室町時代には農民の成長を背景に，各地で一揆が起こったよ。

## 問題演習

### ゼッタイに押さえるべきポイント

□室町時代になると，村ごとに結束を強めて自治を行う【惣（惣村）】が現れた。（市川中など）

□農民たちは，有力な農民を中心に神社や寺院で【寄合（よりあい）】を開いて，入会（いりあい）地の使い方など村の決まりを自主的に決めるようになった。（逗子開成中など）

□京都では【町衆（まちしゅう/ちょうしゅう）】と呼ばれる裕福な商工業者が自治的な運営を行った。（ラ・サール中など）

□1428年，近江国の馬借が蜂起（ほうき）したことをきっかけに，幕府に対して徳政令を要求する【正長の土一揆（正長の徳政一揆）】が起こり，領主や高利貸しが襲われた。（逗子開成中・白百合学園中など）

□1485年，現在の京都府南部で，村に住む武士と農民が力を合わせて守護大名を追い払う【山城国一揆】を起こし，8年間自治を行った。（ラ・サール中など）

□1488年，加賀（かが）では【加賀の一向一揆】が起こって守護が倒され，百姓による自治が行われた。（サレジオ学院中など）

### 入試で差がつくポイント 解説➡p154

□15世紀には，農民が一揆を起こして守護大名を退け，自治を行う地域もあった。農民たちが不満をうったえるために「一揆」という方法をとったのはなぜか。その理由を簡単に説明しなさい。（学習院女子中等科など）

［例：地域的な団結が生まれ，自立する傾向が強まったから。］

□次のア～エのできごとを，年代の古い順に並び替えなさい。

ア　明（みん）との交易を行う日明貿易が始まる。

イ　山城国で国人などによる一揆が起こる。

ウ　足利義政（あしかがよしまさ）の後継者（こうけいしゃ）問題をきっかけとして，応仁（おうにん）の乱が起こる。

エ　酒屋（さかや）や土倉（どそう）を襲う土一揆が初めて起こる。

【ア→エ→ウ→イ】

# テーマ43 室町時代の文化

## 要点をチェック

**〈14世紀～15世紀前半ごろ〉**

- 1368年に，【足利義満】が3代将軍となる。
  →公家と武士の文化が融合した【北山文化】が栄える。

**建築** ・【金閣】（現在の鹿苑寺）

**芸能** ・観阿弥・【世阿弥】父子が【能（能楽）】を大成。

**〈15世紀ごろ〉**

- 1449年，【足利義政】が8代将軍となる。
  →禅宗の影響を受け簡素で気品ある【東山文化】が栄える。

**建築** ・【銀閣】（現在の慈照寺）
　→【書院造】と呼ばれる建築様式。

**絵画** ・【雪舟】が墨の濃淡でえがく【水墨画】を大成。

**文芸** ・【お伽草子】と呼ばれる絵入りの物語が流行。
　→『一寸法師』，『浦島太郎』など。

- 茶の湯や生け花の流行。

- 枯山水…龍安寺の石庭など。

## 重要ポイントをチェック

- 金閣は足利義満が京都の北山に建てた別荘で，北山文化の名の由来。
- 能は田楽と猿楽から発展した歌舞劇で，足利義満によって保護された。
  →幕間にはせりふとしぐさの喜劇である【狂言】が上演された。
- 銀閣は足利義政が京都の東山に建てた別荘で，東山文化の名の由来。
- 書院造は，現在の和風建築のもととなっている建築様式。床の間やちがい棚などが設けられ，ふすまや障子で部屋を仕切り，たたみがしかれている。床の間には生け花や書画が飾られた。銀閣と同じ敷地にある東求堂同仁斎は足利義政の書斎で，代表的な書院造の部屋。
- 現在の栃木県足利市にあった【足利学校】が上杉憲実によって再興され，発展した。

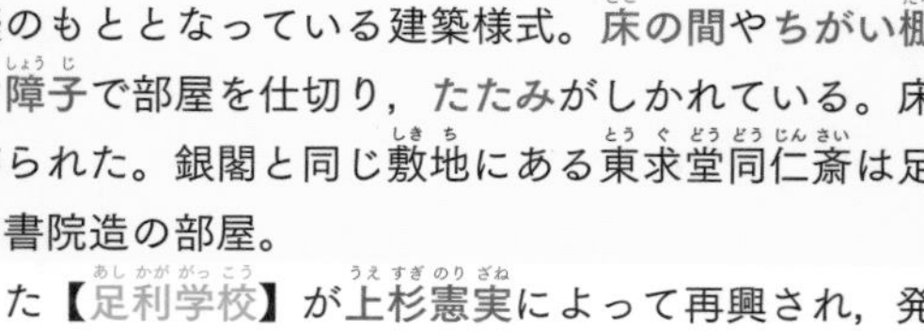

室町時代に生まれた文化には，現在につながるものがたくさんあるよ。

## 問題演習

### ゼッタイに押さえるべきポイント

□足利義満の保護を受けた【観阿弥】・世阿弥によって，能が大成された。
（金蘭千里中・大妻中など）

□「初心忘るべからず」などのことわざでも知られる世阿弥は，能の理論書『【風姿花伝】』を著した。（昭和学院秀英中・サレジオ学院中など）

□能は，田植えのときに働く人々をはげますための【田楽】や猿楽がもととなっている。（桐朋中など）

□能と能の合間に演じられ，社会を風刺した内容が多い劇を【狂言】という。
（大妻中など）

□足利義満は，京都の北山に【金閣】を建てた。（本郷中など）

□龍安寺の石庭には，禅宗の影響を受けた簡素で気品のある【枯山水】の様式が取り入れられている。（青山学院中等部など）

□中国で水墨画を学んだ画僧【雪舟】は，『天橋立図』などの名作をのこした。
（鎌倉女学院中など）

□『浦島太郎』『一寸法師』など，庶民を主人公とする【お伽草子】が作られるようになった。（青山学院中等部など）

□足利義政は，京都の東山に【銀閣】を建てた。（日本女子大学附属中など）

□障子，ふすま，畳，ちがい棚などを使った部屋を含む建築様式を【書院造】という。（栄光学園中・西大和学園中など）

□室町時代に上杉憲実によって再興され，ヨーロッパに「坂東の大学」と紹介されたことがある学校は【足利学校】である。（滝中・江戸川学園取手中など）

### 入試で差がつくポイント 解説➡p154

□室町時代の文化について述べた次のア～エの文のうち，誤っているものを1つ選びなさい。

ア　書院造の代表的な建物である鹿苑寺の金閣は，足利義政の書斎であった。

イ　狂言とは，能と能の間に演じられた喜劇である。

ウ　東山文化は，禅宗の影響を受けた簡素で気品のある文化であった。

エ　墨の濃淡で描く水墨画は，雪舟によって大成された。

【ア】

# テーマ44 鉄砲とキリスト教の伝来

## 年表でチェック

| 年 | おもなできごと |
|---|---|
| 1543年 | 【ポルトガル】人を乗せた中国船が【種子島】に漂着し,【鉄砲】を伝える。 |
| 1549年 | 【スペイン】人宣教師の【フランシスコ・ザビエル】が鹿児島に上陸し,【キリスト】教を伝える。 |
| 1582年 | 九州の【キリシタン大名】が4人の少年を【ローマ教皇】のもとに派遣する。(天正遣欧少年使節)<br>→このころから【南蛮貿易】がさかんになる。 |

## 重要ポイントをチェック

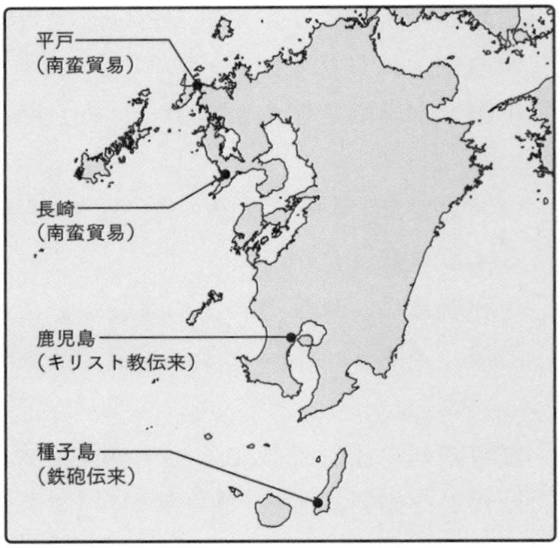


- 鉄砲の伝来により,【足軽】の鉄砲隊が活躍するようになった。
  →戦い方が一騎打ちから集団戦法へ変化し,築城の技術も向上した。
- やがて鉄砲は大阪の【堺】や滋賀の国友,和歌山の根来などで製造されるようになった。
- 西日本を中心にキリシタン(キリスト教の信者)が増え,大名のなかにも信者になる者が現れてキリシタン大名とよばれた。
- 南蛮貿易(ポルトガル人やスペイン人との貿易)は【平戸】や長崎で行われた。
  →【生糸】や絹織物,鉄砲,火薬,毛織物などが輸入され,【銀】や刀剣,漆器や屏風などが輸出された。

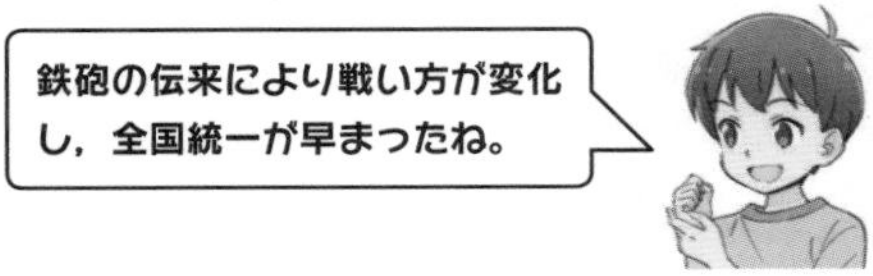

鉄砲の伝来により戦い方が変化し,全国統一が早まったね。

# 問題演習

## ゼッタイに押さえるべきポイント

□1543年，【種子島】に漂着したポルトガル人によって，日本に鉄砲が伝えられた。（穎明館中など）

□日本に伝わった鉄砲は火縄銃と呼ばれ，【堺】や国友などで生産された。

□1549年，イエズス会の宣教師【フランシスコ・ザビエル】が鹿児島に上陸し，山口・豊後府内などをめぐってキリスト教を布教した。（中央大学附属中など）

□16世紀半ばには，【スペイン】人やポルトガル人との貿易が始まり，彼らは南蛮人と呼ばれた。（市川中など）

□南蛮貿易で，日本は中国産の生糸や絹織物などを輸入し，主に【銀】を輸出した。（鷗友学園女子中など）

□大友宗麟などのように，戦国時代にキリスト教を保護した各地の支配者を【キリシタン大名】という。（浅野中など）

□九州の大村氏・大友氏・有馬氏らは，ローマ教皇に【天正遣欧少年使節】を派遣した。（青山学院横浜英和中など）

## 入試で差がつくポイント 解説➡p154

□南蛮貿易で，日本がヨーロッパから輸入していたものの組み合わせとして正しいものを，次のア～エから1つ選びなさい。（栄光学園中など）

ア　毛織物・生糸　　イ　銀・香料

ウ　金・陶磁器　　エ　火薬・刀剣

【ア】

□16世紀の終わり頃に，鉛の活字を使った印刷技術を日本に伝えた者として正しいものを，次のア～エから1つ選びなさい。

ア　山法師　　イ　琵琶法師　　ウ　お雇い外国人　　エ　宣教師

【エ】

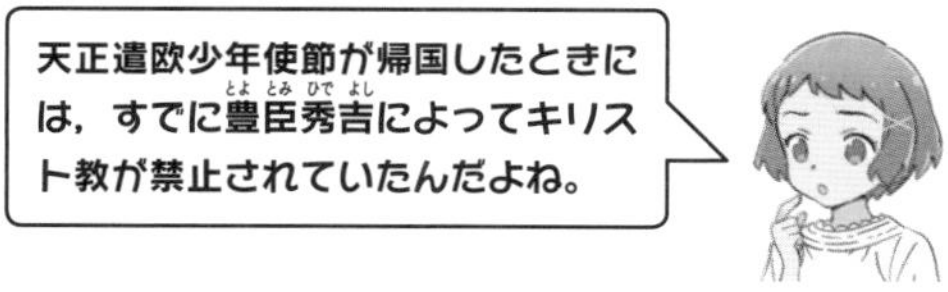

天正遣欧少年使節が帰国したときには，すでに豊臣秀吉によってキリスト教が禁止されていたんだよね。

# テーマ45 織田信長の統一政策

## 年表でチェック

| 年 | おもなできごと |
|---|---|
| 1560年 | 【桶狭間の戦い】が起こる。<br>→【織田信長】が駿河国（静岡県）の今川義元を破る。 |
| 1571年 | 織田信長が【比叡山延暦寺】を焼き討ちする。 |
| 1573年 | 織田信長が室町幕府15代将軍【足利義昭】を追放する。<br>→室町幕府の滅亡。 |
| 1575年 | 【長篠の戦い】が起こる。<br>→織田信長が鉄砲を大量に用いた戦法で，甲斐国（山梨県）の武田勝頼を破る。 |
| 1576年 | 織田信長が琵琶湖の東岸に【安土城】の築城を開始する。 |
| 1582年 | 【本能寺の変】が起こる。<br>→織田信長が家臣の【明智光秀】に背かれ，自害する。 |

## 重要ポイントをチェック

- 織田信長は尾張国（愛知県西部）の戦国大名。美濃国（岐阜県），近江国（滋賀県）を平定し，1568年に15代将軍足利義昭を奉じて京都に入った。
- 織田信長は自分に従わない比叡山延暦寺や一向一揆などの仏教勢力に対しては，武力を用いて屈服させた。

### 〈織田信長の政策〉

- 安土の城下で【楽市・楽座】の政策を行い，市場の税を免除し，座の特権を廃止して，だれもが自由に商売をできるようにした。
- 関銭（通行料）を取ることをおもな目的に，交通の要所に設置されていた【関所】を廃止して，物資の流通や交通の便をよくした。
- 【キリスト教】を保護することで南蛮貿易による利益を確保し，敵対する仏教勢力を牽制した。

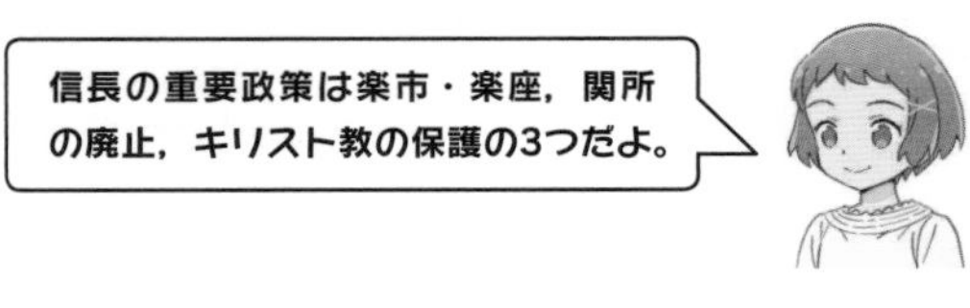

信長の重要政策は楽市・楽座，関所の廃止，キリスト教の保護の3つだよ。

## 問題演習

### ゼッタイに押さえるべきポイント

□1560年，尾張国の織田信長は駿河国の【今川義元】を桶狭間の戦いで破った。
（白百合学園中など）

□織田信長が1573年に室町幕府15代将軍【足利義昭】を京都から追放し，室町幕府が滅亡した。
（吉祥女子中など）

□織田信長と徳川家康の連合軍は，大量の鉄砲を有効に使い，武田勝頼の軍を【長篠の戦い】で破った。

□織田信長は，比叡山（ひえいざん）の【延暦寺（えんりゃくじ）】を焼き討ちにし，武力で従わせた。

□織田信長は，琵琶湖（びわこ）のほとりに天守閣（てんしゅかく）をもつ【安土城】を築き，全国統一の拠点とした。
（世田谷学園中など）

□織田信長は，楽市・楽座の政策を行い，座の特権をなくし，人々の交通の妨（さまた）げとなっていた【関所】を廃止して商工業を活発にした。（吉祥女子中など）

□1582年，織田信長は本能寺の変で【明智光秀】に奇襲（きしゅう）され，自害した。
（聖光学院中など）

### 入試で差がつくポイント

解説➡p154

□次のア～オのできごとを，年代の古い順に並べ替えなさい。

ア　織田信長が安土城を築き始める。
イ　小田原（おだわら）の北条氏（ほうじょう）を豊臣秀吉（とよとみひでよし）がたおす。
ウ　織田信長が室町幕府を滅ぼす。
エ　織田信長が今川義元を桶狭間の戦いで破る。
オ　織田信長が鉄砲を用いて長篠の戦いに勝利する。

【エ→ウ→オ→ア→イ】

□織田信長が安土に本拠を置いた理由を，安土の位置を踏まえて，簡単に説明しなさい。
（雙葉中など）

［例：琵琶湖の水運を利用でき，京都に近く，交通の便がよいから。］

織田信長の統一政策は，できごとの年号までしっかり覚えておくとよいね。

# テーマ46 豊臣秀吉の天下統一

## 年表でチェック

| 年 | おもなできごと |
|---|---|
| 1582年 | 【豊臣秀吉】が明智光秀を倒し，織田信長の後継者となる。<br>豊臣秀吉が【太閤検地】を開始する。（～1598年） |
| 1583年 | 豊臣秀吉が【大阪城】の築城を開始する。 |
| 1587年 | 豊臣秀吉がキリスト教の布教を禁止する。（バテレン追放令） |
| 1588年 | 豊臣秀吉が【刀狩】令を出す。 |
| 1590年 | 豊臣秀吉が天下統一を達成する。 |
| 1592年<br>1597年 | 文禄の役が起こる。<br>慶長の役が起こる。<br>豊臣秀吉が二度にわたり【朝鮮】へ出兵する。（二度とも失敗） |

## 重要ポイントをチェック

- 豊臣秀吉は尾張国（愛知県西部）の足軽出身の武将。織田信長の死後，その後継者となり，石山本願寺の跡地につくった大阪城を本拠地として天下統一を達成し，【関白】さらには【太政大臣】の地位についた。

〈豊臣秀吉の政策〉

- 全国規模で田畑の面積や土地のよしあしを調べ，予想される米の収穫量を石高であらわし，土地の耕作者を定める太閤検地を行った。
  →土地と農民を大名が直接支配するようになり，【荘園】が消滅した。
- 農民から刀や鉄砲などの武器を取り上げる刀狩を行った。
  →農民の一揆を防ぎ，耕作に専念させるのが目的。
- 当初はキリスト教の布教を許していたが，のちに禁止した。
  →南蛮貿易は奨励したので，効果は上がらなかった。
- 【明】の征服をくわだて，二度にわたり朝鮮に出兵した。（朝鮮侵略）
  →民衆のはげしい抵抗と明からの援軍のため，二度とも失敗した。

- 太閤検地と刀狩などによって【兵農分離】が進んだ。

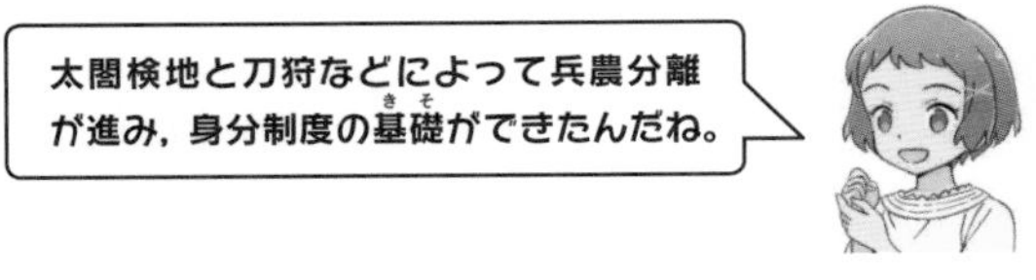

太閤検地と刀狩などによって兵農分離が進み，身分制度の基礎ができたんだね。

## 問題演習

### ゼッタイに押さえるべきポイント

□1582年，豊臣秀吉は織田信長にそむいた明智光秀を【山崎(やまざき)の戦い】で破った。（栄東中など）

□年貢(ねんぐ)を確実に取り立てるため，豊臣秀吉は農民の土地を登録して，土地から離(はな)れられないようにする【太閤検地】と呼ばれる政策を行った。（開智中など）

□豊臣秀吉は【石山本願寺】の跡地に大阪城をつくり，政治の拠点とした。（東京農業大学第一中・桜蔭中など）

□1583年，豊臣秀吉は，【賤ヶ岳(しずがたけ)の戦い】で柴田勝家(しばたかついえ)を破り，織田信長の勢力を継承した。（早稲田中など）

□1585年，豊臣秀吉は朝廷から【関白】の地位に任ぜられた。（早稲田中など）

□豊臣秀吉は武力による一揆を防ぐため，方広寺(ほうこうじ)の大仏を造るという名目で【刀狩】令を出し，農民から武器を取り上げた。（公文国際学園中等部・西大和学園中など）

□1587年，長崎がイエズス会に寄付されていたことを知った秀吉は，キリスト教への警戒を強め，【バテレン追放令】を出し，宣教師の追放を命じた。（浦和明の星中など）

□1590年，豊臣秀吉は【小田原(おだわら)】を本拠地とする北条(ほうじょう)氏を破り，天下統一を果たした。（洗足学園中など）

□明の征服を目指し，豊臣秀吉は1592年に朝鮮へ出兵した。このできごとを【文禄の役】といい，この戦いで朝鮮の【李舜臣(りしゅんしん／イスンシン)】は亀甲船(きっこうせん)を用いて戦い，日本軍は苦戦した。（昭和学院秀英中・世田谷学園中など）

□1597年，豊臣秀吉による二度目の朝鮮出兵が行われた。このできごとを【慶長の役】という。（世田谷学園中など）

### 入試で差がつくポイント 解説➡p154

□豊臣秀吉の朝鮮への出兵に対して，明はどのような対応をしたか。簡単に説明しなさい。（フェリス女学院中など）

［ 例：朝鮮を助けるため援軍を送り，日本と戦った。 ］

# テーマ47 桃山文化

## 要点をチェック

**〈桃山文化の特色〉**

- 戦国大名や大商人の気風を反映した豪華で雄大な文化。
- 仏教の影響がうすれ，【ヨーロッパ】文化の影響を受けている。

**〈建築〉**

- 【天守閣】を持つ城…安土城，大阪城，【姫路城】，伏見城など。
  ➡姫路城は世界文化遺産に登録されている。

**〈美術〉**

- 【障壁画】…ふすまや屏風にえがかれた色彩豊かな絵画。
  ➡【狩野永徳】の『唐獅子図屏風』などが代表作。
- 陶磁器…豊臣秀吉の朝鮮侵略の際に日本に連れてこられた朝鮮人陶工により，技術が伝わる。(【有田焼】など)

**〈芸能〉**

- 茶の湯…【千利休】が質素な侘び茶の作法を完成させる。
- かぶき踊り…出雲（島根県）の【出雲の阿国】という女性が始める。
  ➡江戸時代に現在に伝わる歌舞伎に発展した。

## 重要ポイントをチェック

- 有田焼（佐賀県）は朝鮮人陶工の【李参平（イ サムピョン）】らによって始められた。伊万里焼とも呼ばれる。
- 茶の湯は大名や大商人の間で流行し，中国から伝わった価値の高い茶道具が，もてはやされた。
- 千利休は堺の大商人の出身で茶の湯を広めた。のちに豊臣秀吉によって自害を命じられた。
- 南蛮貿易によってもたらされたヨーロッパ文化を【南蛮文化】という。
  →天文学や医学などの学問，活版印刷術，西洋画の技法など。

桃山文化は織田信長や豊臣秀吉の時代に栄えた文化だよ。

## 問題演習

### ゼッタイに押さえるべきポイント

□兵庫県にある，白鷺城とも呼ばれる【姫路城】は，世界文化遺産に登録されている。

□織田信長や豊臣秀吉に仕えた【千利休】は，茶の湯を茶道として大成した。（金蘭千里中・世田谷学園中など）

□堺や安土などに建てられたキリスト教の教会は【南蛮寺】と呼ばれた。

□【出雲の阿国】によってかぶき踊りが始められた。（桜蔭中など）

□【狩野永徳】の代表作として，勇壮な獅子が描かれた『唐獅子図屏風』や，祇園祭でにぎわう様子が描かれた『洛中洛外図屏風』などがある。

□16世紀の終わりごろ，活字を組んで印刷する【活版印刷】の技術が日本にもたらされた。（鎌倉女学院中など）

□朝鮮出兵により，日本に連れてこられた陶工らによって陶磁器づくりが始まった。有田で焼かれ，出荷港の名で有名になった【伊万里】焼は，中国様式の染め付けで発展した。（世田谷学園中など）

### 入試で差がつくポイント 解説➡p155

□天守（閣）のうち，木造のものが現存し，なおかつ国宝に指定されているものは数件に限られている。天守（閣）が国宝に指定されていないものを，次のア～エから1つ選びなさい。（早稲田実業中等部など）

ア　名古屋城　　イ　姫路城　　ウ　松本城　　エ　彦根城

【ア】

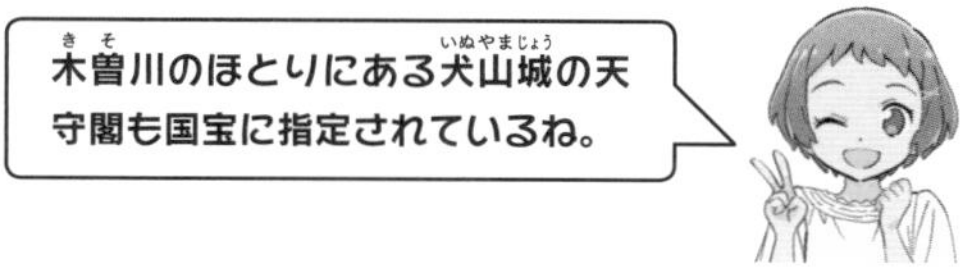

木曽川のほとりにある犬山城の天守閣も国宝に指定されているね。


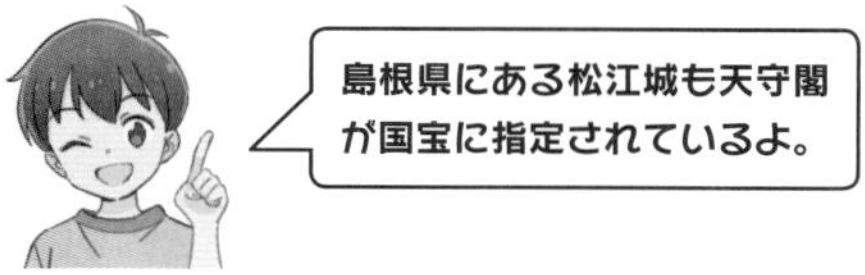

島根県にある松江城も天守閣が国宝に指定されているよ。

テーマ48

# 平城京と聖武天皇の政治

## 年表でチェック

| 年 | おもなできごと |
|---|---|
| 710年 | 元明天皇が奈良の【平城京】に都を移す。 |
| 741年 | 【聖武天皇】が国ごとに【国分寺】と【国分尼寺】を建立する命令を出す。(都には総国分寺として【東大寺】を建立。) |
| 743年 | **聖武天皇**が**東大寺**に【大仏】を造立する命令を出す。 |
| 752年 | **東大寺**の**大仏**の開眼供養が行われる。 |

## 重要ポイントをチェック

- **平城京**は**唐**の都の【長安】をモデルとしてつくられた。
  →以後の約【80】年間を**奈良時代**という。
- **平城京**では**市**が開かれ，各地から運ばれてきた産物などが売買された。
- 708年，武蔵国（東京都，埼玉県，神奈川県）から銅が献上されると，7世紀の【富本銭】に続けて，【和同開珎】がつくられた。
- **聖武天皇**が政治を行っていたころ，各地でききんが続き，伝染病が流行したり，貴族や僧が勢力争いを行うなど，世の中が乱れていた。
  →仏教をあつく信仰していた**聖武天皇**は，仏教の力にたよって国を安らかにしようと考え，国ごとに**国分寺**と**国分尼寺**，都に**東大寺**と**大仏**をつくることを命令した。
- **大仏**は多くの農民や**渡来人**の協力で10年をかけて完成し，孝謙天皇のときインドや中国の僧もふくめ約1万人が参加して，開眼供養が行われた。
- **大仏づくり**には僧の【行基】が朝廷の求めに応じて協力した。
- 人々には，税や兵役が課せられた。稲の収穫量の3%を納める【租】，布や地方の特産物を都に納める【調】，年10日都で働く代わりに麻布を納める【庸】があり，また【防人】などの兵役もあった。

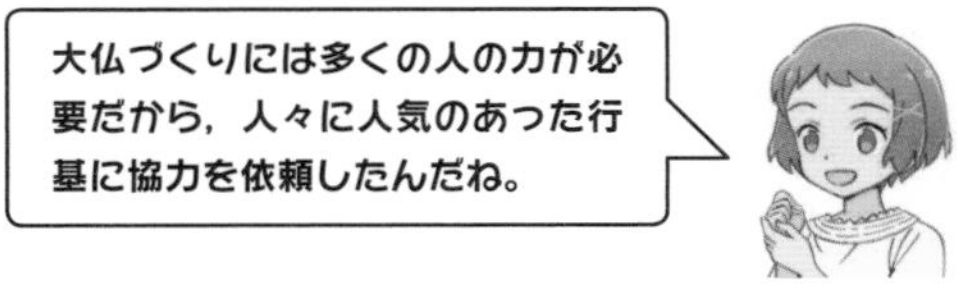

大仏づくりには多くの人の力が必要だから，人々に人気のあった行基に協力を依頼したんだね。

# 問題演習

## ゼッタイに押さえるべきポイント

□710年，【元明】天皇のとき，奈良の**平城京**に都が移された。

□平城京は，唐の都【長安】にならってつくられ，町は碁盤の目のようになっていた。

□奈良時代には，【和同開珎】と呼ばれる銅銭が都の周囲で使われた。
（白百合学園中など）

□戸籍に登録された6歳以上の男女には【口分田】が与えられ，亡くなると国に返すきまりとなっていた。これを【班田収授（法）】という。
（逗子開成中など）

□人々は，稲の収穫量の3％を納める租，布や地方の特産物を都に納める【調】，年10日都で働く代わりに麻布を納める【庸】などの税を負担した。
（大阪星光学院中・中央大学附属中など）

□兵役のうち，北九州の警備についた人々を【防人】という。
（昭和学院秀英中など）

□**聖武天皇**の頃，藤原氏ではない**玄昉**が政権で重用されたため，その排除を求めて九州で【藤原広嗣】が反乱を起こした。できたらスゴイ！ （芝中など）

□聖武天皇は，仏教の力で国を治めるため，全国に【国分寺】や**国分尼寺**を建てるよう命じた。 （青稜中・四天王寺中・芝中・海陽中など）

□仏教の教えを民衆に広めていた【行基】は，聖武天皇から大僧正に任じられ，**東大寺**の大仏づくりに協力した。 （芝中・高田中など）

## 入試で差がつくポイント 解説➡p155

□「租庸調」のうち，「調」について，その内容を簡単に説明しなさい。
（早稲田実業中等部など）

［ 例：都に布や地方の特産物を納める税。 ］

聖武天皇は仏教の力にたよって，
国を安定させようとしたんだね。

# テーマ49
# 荘園・遣唐使・天平文化

## 年表でチェック

| 年 | おもなできごと |
|---|---|
| 723年 | 【三世一身法】が出される。 |
| 724年 | **聖武天皇**が即位する。（このころ，【天平文化】が栄える。） |
| 743年 | 【墾田永年私財法】が出される。→【荘園】の増加。 |
| 753年 | **唐**から【鑑真】が来日する。（翌年，**平城京**へ入る。） |

## 重要ポイントをチェック

- 人口の増加による【口分田】の不足に対応するため，**朝廷**は**三世一身法**や**墾田永年私財法**を出して，土地の私有を認め，**開墾**を**奨励**した。
  →**荘園**と呼ばれる私有地が増加し，**公地**・**公民**の原則がくずれた。
- **聖武天皇**の時代に栄えた国際色豊かな仏教文化を**天平文化**という。
  - 建築…**東大寺**，東大寺の【正倉院】，【唐招提寺】など。
    →**正倉院**には【校倉造】と呼ばれる建築様式がみられ，
    聖武天皇の遺品が保管されていた。
  - 歴史書…【『古事記』】（712年成立），**『日本書紀』**（720年成立）
  - 地誌書…**『風土記』**（各国の自然や産物，伝説などを記録。）
  - 歌集…【『万葉集』】（日本最古の歌集で約4500首をおさめる。）
    →**防人**の歌や**山上憶良**の**『貧窮問答歌』**もおさめられている。
- 唐の高僧であった**鑑真**は【遣唐使】の招きによって来日した。
  - 鑑真は日本への渡航に何度も失敗し，失明しながらも来日を果たした。
  - 鑑真は僧が守るべき**戒律**を伝え，**唐招提寺**を建立した。
- **遣唐使**は朝廷が唐の進んだ文化や制度を学ぶため，唐に送った使節。
  - 遣唐使は630年から894年までの約260年間に十数回送られた。
  - 唐に派遣された【阿倍仲麻呂】は唐の皇帝に高官として仕えた。
    →船が難破したため帰国できず，唐で一生を終えた。

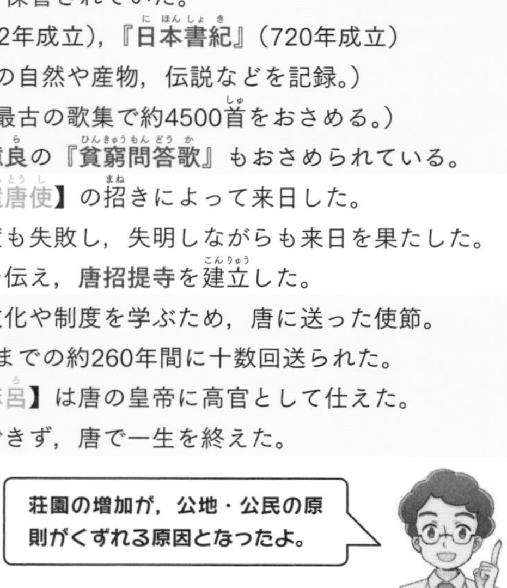

荘園の増加が，公地・公民の原則がくずれる原因となったよ。

## 問題演習

### ゼッタイに押さえるべきポイント

□723年，未開墾地を開墾した場合は３代にわたって土地の私有を認めるとする【三世一身法】が出された。（頌栄女子学院中など）

□743年，開墾を進め，耕地を増やす目的で，土地の永久私有を認めるとする【墾田永年私財法】が出された。（大妻中など）

□豪族(ごうぞく)や寺院などが，貧しい農民を使って土地の開発を進めたり，田畑を買い進めたりして，【荘園】と呼ばれる私有地を広げた。（芝中など）

□712年，**稗田阿礼**(ひえだのあれ)が暗誦(あんしょう)していた内容をもとに【太安万侶(おおのやすまろ)】が『古事記』をまとめた。できたらスゴイ!（早稲田実業中等部など）

□720年，**舎人親王**(とねりしんのう)らによって編纂(へんさん)された『【日本書紀】』が完成した。（早稲田大学高等学院中学部・巣鴨中など）

□「シルクロードの終着点」といわれ，**聖武天皇**の遺品などの宝物がおさめられた宝庫は，**東大寺**の【正倉院】である。（早稲田大学高等学院中学部など）

□奈良時代には，地方の国ごとに自然や伝説などを記した【風土記】がまとめられた。（普連土学園中など）

□【山上憶良】の『貧窮問答歌』は，**大伴家持**(おおとものやかもち)によってまとめられた和歌集の【万葉集】に収録されている。（横浜共立学園中・中央大学附属中など）

□**吉備真備**(きびのまきび)とともに唐に渡り，唐の朝廷で出世するものの，日本への帰国が叶(かな)わなかったのは【阿倍仲麻呂】である。（専修大学松戸中・立教新座中など）

□**遣唐使**に請(こ)われて来日した【鑑真】は，**唐招提寺**(とうしょうだいじ)を建てるなどして日本の仏教発展に力をつくした。（四天王寺中・逗子開成中など）

### 入試で差がつくポイント 解説➡p155

□公地・公民の原則がくずれた理由を，簡単に説明しなさい。

［例：三世一身法や墾田永年私財法で，土地の私有を認めた結果，荘園が増加したため。］

風土記のうち，完全なものが残っているのは出雲（島根県）のものだけだったね。

テーマ50

# 平安京と桓武天皇の政治

## 年表でチェック

| 年 | おもなできごと |
|---|---|
| 794年 | 【桓武天皇】が都を**長岡京**から【平安京】に移す。<br>→以後の約【400年】間を**平安時代**という。 |
| 797年 | 【坂上田村麻呂】が**征夷大将軍**に任命される。<br>→東北地方の【蝦夷】を平定。（朝廷の勢力範囲が広がる） |
| 805年 | **唐**から【最澄（伝教大師）】が帰国し，【天台宗】を伝える。 |
| 806年 | **唐**から【空海（弘法大師）】が帰国し，【真言宗】を伝える。 |

## 重要ポイントをチェック

- **桓武天皇**はくずれてしまった律令政治を立て直すため，784年に**長岡京**，ついで794年に**平安京**へ都を移した。
  - **国司**の不正を厳しく監督するため，新しい役職を置いた。
  - **雑徭**を半減して農民の負担を軽くした。
  - **班田収授**を6年ごとから12年ごとに延長し，実行しやすくした。
  - 東北や九州などをのぞき，軍団と兵士を廃止した。
- **坂上田村麻呂**は802年に胆沢城（岩手県）を築き，首長【アテルイ】の率いる**蝦夷**と戦ってこれを破り，降伏させた。
  →その後，朝廷の勢力範囲は北上川の上流や米代川の流域にまで広がった。
- **最澄**と**空海**は**遣唐使**として派遣された留学僧。最澄は**比叡山**（滋賀県）に【延暦寺】，空海は**高野山**（和歌山県）に【金剛峯寺】を建てた。

蝦夷の平定

## 問題演習

### ゼッタイに押さえるべきポイント

□**桓武天皇**は，仏教勢力を政治から遠ざけるため，784年に都を【長岡京】に移し，794年に都を**平安京**に移した。（浦和明の星中など）

□桓武天皇は，【坂上田村麻呂】を**征夷大将軍**に任命し，**蝦夷**の征討を命じた。（栄東中など）

□蝦夷の指導者だった【アテルイ】は，河内で処刑された。

□【最澄】は日本に**天台宗**を伝え，**比叡山**に【延暦寺】を建てた。（香蘭女学校中・聖光学院中など）

□空海は日本に【真言宗】を伝え，**高野山**に【金剛峯寺】を建てた。（山手学院中・洗足学園中など）

□空海が修繕したと伝えられる農業用のため池は【満濃池】であり，現在の香川県にある。できたらスゴイ!（攻玉社中など）

### 入試で差がつくポイント 解説➡p155

□仏教の宗派とその信仰の組み合わせとして正しいものを，次のア～エから1つ選びなさい。

ア　日蓮宗：阿弥陀仏を信じさえすれば極楽に生まれかわるとした。
イ　真言宗：病気や災いを取り除く祈りや呪いを行って，天皇や貴族の信仰を集めた。
ウ　浄土真宗：「南無妙法蓮華経」の題目を唱えさえすれば救われるとした。
エ　時宗：座禅で悟りを得ることを重んじる禅宗の一つであった。

【イ】

□桓武天皇が，奈良から別の地域に都を移した理由を，当時の政治に影響を与えていた勢力にふれ，簡単に説明しなさい。

［例：仏教勢力の力が強い奈良を離れて，その影響を避け，律令政治を立て直すため。］

**桓武天皇は律令政治の立て直しに努めるとともに東北地方の蝦夷を平定したんだね。**

# テーマ51 摂関政治

## 年表でチェック

| 年 | おもなできごと |
|---|---|
| 858年 | 藤原良房が【摂政】となる。（正式な任命は866年） |
| 884年 | 藤原基経が【関白】となる。（地位の確立は887年） |
| 1016年 | 【藤原道長】が摂政となる。 |
| 1017年 | 藤原道長が【太政大臣】に，【藤原頼通】が摂政となる。 |

## 重要ポイントをチェック

- 藤原氏は**大化の改新**で功績のあった【中臣鎌足】の子孫。
- 藤原氏は有力な貴族をつぎつぎと退け，朝廷で勢力をのばした。
  →【菅原道真】をおとしいれ，**大宰府**へ追放した。
- 藤原氏は娘を天皇のきさきとし，その子を次の天皇に立て，天皇が幼いときは摂政，成人してからは**関白**について天皇を補佐し，政治の実権をにぎった。このような政治を【摂関政治】という。
- **摂関政治**は11世紀前半の**藤原道長**・**頼通**父子の時代に最も栄えた。
  →道長はみずからの栄華を「**此の世をば 我が世とぞ思ふ 望月の 欠けたることも なしと思へば**」と歌によんだ。
- **摂関政治**が行われていたころ，地方の政治は【国司】にまかせきりとなり，不正をはたらく**国司**が多かったので，地方の政治は乱れた。
- 地方の荘園領主は，有力な貴族や寺社に荘園を**寄進**（自分から進んで寄付）することで，【不輸】の権と【不入】の権を手に入れるようになった。
  - **不輸の権**…税を納めなくてもよい権利。
  - **不入の権**…役人の立ち入りを拒否する権利。
  
  →有力な貴族であった藤原氏は，多くの荘園の寄進を受けた。
- 荘園を寄進したもとの領主は【荘官】（荘園の管理者）となり，引き続いて荘園を支配した。

**学問の神様とされた菅原道真は，福岡県の太宰府天満宮にまつられているね。**

# 問題演習

## ゼッタイに押さえるべきポイント

□858（866）年，清和天皇のとき，【藤原良房】が摂政となり，887年，宇多天皇のとき，【藤原基経】が正式に関白となった。

□894年，【菅原道真】は遣唐使の停止を宇多天皇に進言した。（高槻中・攻玉社中など）

□『御堂関白記』を著し，「この世をば わが世とぞ思ふ 望月の 欠けたることも なしと思へば」の和歌を詠んだのは【藤原道長】である。（四天王寺中・麻布中・早稲田大学高等学院中学部など）

□【摂政】は，藤原氏が政治の実権をにぎるために用いた役職であり，天皇が幼いときに，天皇に代わって政治を行う役職である。（海陽中など）

□【関白】は，藤原氏が政治の実権をにぎるために用いた役職であり，成人した天皇の補佐役である。（神奈川大学附属中など）

□【後三条天皇】が出した荘園整理令は，藤原氏のような摂関家の荘園にも打撃を与えた。できたらスゴイ!（暁星中など）

## 入試で差がつくポイント 解説→p155

□10世紀後半から11世紀中頃までの時期の，政治体制の特徴を，簡単に説明しなさい。（フェリス女学院中など）

［例：天皇の外戚として摂政や関白などの地位を独占した藤原氏が中心となり，政治が行われた。］

□不輸の権と不入の権について，それぞれどのような権利か，簡単に説明しなさい。（東洋英和女学院中学部など）

［例：不輸の権とは，荘園が国へ税を納めなくてよい権利のこと。
不入の権は，荘園への役人の立ち入りを断る権利のこと。］

藤原氏の摂関政治は11世紀前半の道長・頼通父子の時代に最も栄えたね。

# テーマ52 院政と武士の台頭

## 年表でチェック

| 年 | おもなできごと |
|---|---|
| 939年 | 【平将門の乱】が起こる。 |
| 939年 | **藤原純友の乱**が起こる。 |
| 1086年 | 【白河上皇】が【院政】を始める。 |
| 1156年 | 【保元の乱】が起こる。（上皇と天皇の争い） |
| 1159年 | 【平治の乱】が起こる。（平氏と源氏の争い） |
| 1167年 | 【平清盛】が武士として最初の**太政大臣**となる。 |
| 1185年 | 【壇ノ浦の戦い】で平氏が滅びる。 |

11世紀後半には東北地方で，**前九年合戦**と**後三年合戦**が起こった。

## 重要ポイントをチェック

- 平安時代の中ごろ地方で【武士】がおこり，やがて有力な者を**棟梁**（統率者）として【武士団】が形成された。
  →天皇の流れをくむ【平氏】と【源氏】が最も有力な**武士団**となった。
- 10世紀の中ごろ，関東で**平将門**が，瀬戸内海で**藤原純友**が乱を起こした。
  →これらの反乱をおさえることで，武士が力をのばした。
  **平氏**は西国で，**源氏**は東国で力をのばした。
- **白河天皇**は位をゆずって**上皇**となってからも，院（上皇の御所）で政治をとる**院政**を行った。**院政**の開始により**藤原氏**の**摂関政治**はおとろえた。
- **保元の乱**と**平治の乱**に勝利した**平清盛**は，武士として最初の**太政大臣**となり，娘を天皇のきさきにし，一族を高い位につけて政治の**実権**をにぎった。

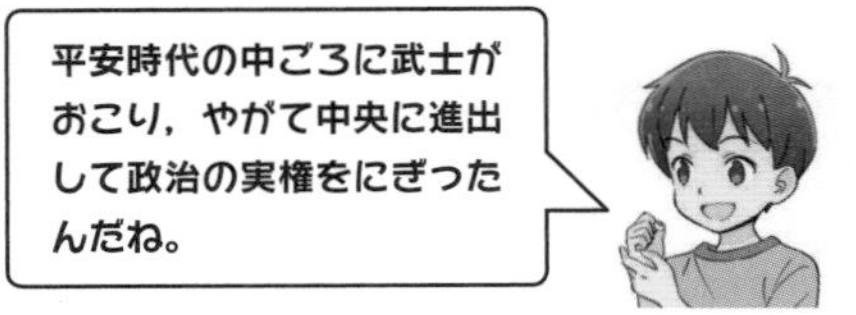

平安時代の中ごろに武士がおこり，やがて中央に進出して政治の実権をにぎったんだね。


- **平清盛**は【大輪田泊】（兵庫の港，現在の神戸港）を整備して【日宋貿易】を積極的におし進め，大きな利益をあげた。
  - 輸入品…【宋銭】，絹織物など。
  - 輸出品…金，硫黄，漆器など。
- 平氏への反感から【源頼朝】ら各地の武士が**挙兵**した。源頼朝の弟の**源義経**らは平氏を西へ追い，**壇ノ浦の戦い**（山口県）で滅ぼした。

## 問題演習

### ゼッタイに押さえるべきポイント

□10世紀前半，【新皇】を名乗った**平将門**は東国の武士によって討たれ，瀬戸内海の海賊を率いて反乱を起こした【藤原純友】は源経基らによって討たれた。（早稲田実業中等部など）

□1086年，**白河上皇**が幼少の天皇の後ろだてとして政治の実権をにぎったことを【院政】という。（暁星中など）

□白河上皇が，自らの思い通りにならないものとしてあげた「山法師」は，【延暦寺】の僧兵のことを指す。（立教新座中など）

□陸奥の国司に任じられた源氏の棟梁である【源頼義】は，東国の武士を率いて，陸奥の豪族である**安倍氏**と戦った。これを**前九年合戦**という。（芝中など）

□【源義家】は八幡太郎とも呼ばれ，前九年合戦や**後三年合戦**を鎮め，東国に勢力を伸ばした。（攻玉社中など）

□**奥州藤原氏**の中心都市であった**平泉**に位置する，ふんだんに金箔を使用した建物がある寺院は【中尊寺】である。（昭和学院秀英中など）

□平安時代末期に天皇家内部の主導権争いに平氏や源氏などの武士団がからんで発生した戦乱を【保元の乱】という。（サレジオ学院中など）

□**平清盛**は，武士として初めて【太政大臣】の地位についた。都を平安京から【福原京】に移すなどしたが，半年ほどで再び平安京に戻した。（巣鴨中など）

□平清盛は【大輪田泊】を整備して日宋貿易に力を入れた。**日宋貿易**では宋から【銅銭】が大量に輸入され，通貨として使われた。

（巣鴨中・慶應義塾湘南藤沢中等部など）

### 入試で差がつくポイント 解説➡p155

□源平の合戦について，次のア～エの戦いを，年代の古い順に並べ替えなさい。（世田谷学園中など）

ア　屋島の戦い

イ　一ノ谷の戦い

ウ　富士川の戦い

エ　石橋山の戦い

【エ→ウ→イ→ア】

# テーマ53 平安時代の文化

## 要点をチェック

### 〈新しい仏教〉

9世紀初め，唐から帰国した留学僧が新しい仏教を伝える。

- **最澄**…**比叡山**（滋賀県）の**延暦寺**を拠点に【天台宗】を広める。
- **空海**…【真言宗】を伝え，**高野山**（和歌山県）に**金剛峯寺**を開く。

### 〈国風文化〉

10～11世紀にかけて栄えた文化。それまでの唐風の文化をふまえた，日本の風土や日本人の感情に合った文化。

- 【仮名文字】の広まりとともに国文学が発達した。
  - 【清少納言】…『**枕草子**』
  - 【紫式部】…『**源氏物語**』
  - 【紀貫之】…『**古今和歌集**』の編纂，『**土佐日記**』
- 貴族の衣服　・女性…【十二単】　・男性…束帯や衣冠
- 建築…【寝殿造】（貴族の屋敷に見られる建築様式）
- 絵画…【大和絵】（日本の風物をやわらかい線と上品な色でえがく）
  →屏風や障子，『**源氏物語絵巻**』などの絵巻物。

### 〈浄土信仰〉

阿弥陀仏にすがり，極楽浄土へ生まれ変わりを願う信仰。

→11世紀の後半には各地に阿弥陀堂が建てられた。

- 【平等院鳳凰堂】（京都府宇治市）…**藤原頼通**が建立。
- 【中尊寺金色堂】（岩手県平泉町）…**奥州藤原氏**が建立。

## 重要ポイントをチェック

- **仮名文字**の広まりによって，考えや感情を自由に表現できるようになった。
  →仮名文字のうち【平仮名】はおもに女性に用いられた。
- **寝殿造**の屋敷は，主人が住む寝殿を中心に，さまざまな建物が渡り廊下でつながれ，寝殿の正面には，池や築山のある庭がつくられた。
- **浄土信仰**は，平安時代中ごろからの社会不安の高まりを背景に，人々に広まった。

国風文化は摂関政治の
時代に最も栄えたね。

## 問題演習

### ゼッタイに押さえるべきポイント

□平安時代の有力な貴族は，庭や池を備えた大きな屋敷に住んでいた。このような住宅様式を【寝殿造】という。（麻布中・横浜雙葉中・金蘭千里中など）

□日本の風景や四季の移り変わりなどを描いた日本風の絵のことを，大陸風の絵に対して，【大和絵】という。（栄光学園中など）

□藤原頼通は，この世に極楽浄土のようすを表すため，京都の宇治に【平等院鳳凰堂】を建てた。（巣鴨中など）

□平安時代の貴族の男性の正装を【束帯】という。（フェリス女学院中など）

□かな文字や漢字を使って，随筆『枕草子』を著した女流文学者は【清少納言】である。（栄光学園中・攻玉社中など）

□長編小説『源氏物語』の作者は【紫式部】である。（海陽中・神奈川大学附属中など）

□女性のふりをして，日本で最初のかな日記である『土佐日記』を書いたのは【紀貫之】である。この人物は，最初の勅撰和歌集である『【古今和歌集】』の編者の一人である。（立教女学院中・聖光学院中など）

### 入試で差がつくポイント 解説➡p155

□国風文化が栄えたころに，すぐれた文学作品が数多く成立した。この理由を，「かな文字」「漢字」という言葉を用いて，簡単に説明しなさい。（大妻中など）

例：外国から流入した文化をふまえた日本独自の文化が発達するなかで，漢字をもとにかな文字がつくられ，日本語を書き表しやすくなったから。

文学作品は，どの時代に成立したかを整理しておくことが大事だよ。平安時代に成立したのは，『枕草子』『源氏物語』『古今和歌集』などだね。

# テーマ54 稲作のはじまり

## 要点をチェック

〈弥生時代の特色〉

- 紀元前4世紀～3世紀ごろに【弥生時代】が始まった。
  →【稲作】の本格的な開始と【金属器】の伝来。
- 赤褐色で，うすくてかたく，文様の少ない【弥生土器】が使用された。
- 水田近くの低地に【竪穴住居】を建てて定住した。
- しだいに貧富の差や【身分の差】が生じた。
- 主な遺跡…静岡県の【登呂】遺跡，佐賀県の【吉野ヶ里】遺跡，
  福岡県の板付遺跡。

## 重要ポイントをチェック

- 稲作は2500年ほど前の縄文時代の終わりごろ，朝鮮半島から九州の北部へ伝わったと考えられている。稲は【石包丁】と呼ばれる道具で穂をつみ取って収穫され，【高床倉庫】にたくわえられた。稲作は北海道と南西諸島をのぞく日本の大部分に広まった。
- 高床倉庫にはねずみなどの侵入を防ぐための工夫が見られる。
- 金属器には銅とすずの合金である【青銅器】と【鉄器】があった。青銅器は主に祭器に，鉄器は武器のほか，工具や農具に使用された。
- 青銅器には銅剣や銅矛，銅鏡の他，近畿地方で多く出土する釣り鐘のような形をした【銅鐸】などがある。
- 竪穴住居は地表を50cmほどほりこんで柱を立て，草などで屋根をふいたと考えられている住居。縄文時代の初期からつくられていた。
- 弥生時代に身分の差が発生していたことは，墓の大きさや副葬品（死者とともに埋葬されているもの）の量のちがいがあることから分かる。
- 登呂遺跡では水田跡や住居跡，高床倉庫の跡の他，多数の木製農具が発見された。吉野ヶ里遺跡では物見やぐらの跡や集落を囲んだ二重の濠の跡などが発見された。濠で囲まれた集落を環濠集落という。

**弥生時代の特色は稲作，金属器，身分の差の発生だね。**

## 問題演習

### ゼッタイに押さえるべきポイント

□福岡県の【板付遺跡】は，縄文時代末期から弥生時代の初期に稲作が伝わったことを示す遺跡である。（芝中など）

□稲作が東日本まで広がるようになると，ねずみの害や湿気を防ぐために，【高床倉庫】が作られるようになった。

□収穫した稲の穂をかり取る道具として，鎌や【石包丁】が用いられた。（大妻中など）

□弥生時代，銅剣や銅鏡などの【青銅器】は，神に豊作を祈る際の祭器として用いられ，鉄器は武器や工具として用いられた。（世田谷学園中など）

□釣り鐘のような形をした金属器である【銅鐸】には，農業の様子や狩りの様子の絵が描かれている。（吉祥女子中など）

□弥生土器は，【赤褐】色の薄手でかための土器である。

□弥生時代の遺跡として，大規模な水田跡が発見された静岡県の【登呂遺跡】がある。（逗子開成中など）

□佐賀県にある吉野ヶ里遺跡は，柵や深い濠に囲まれた巨大な【環濠集落】跡であり，物見やぐらで見張りをしていたと考えられる。（昭和学院秀英中など）

□吉野ヶ里遺跡など，九州北部の遺跡で多く埋められていた【甕棺】は，死者を納めた棺である。できたらスゴイ!（湘南白百合中・フェリス女学院中など）

### 入試で差がつくポイント 解説➡p155

□弥生時代のむらの遺跡には，稲作に適した標高の低い場所のものもあれば，稲作に適していない標高の高い場所のものもある。このように，弥生時代の一部のむらは山の上や高台につくられていた。この理由を，弥生時代の社会の様子にふれながら，簡単に説明しなさい。（横浜雙葉中など）

［例：稲作のための土地や用水をめぐる争いが起きるようになり，守りやすいところにむらをつくるようになったから。］

# テーマ55 邪馬台国

## 年表でチェック

| 年 | おもなできごと |
|---|---|
| 紀元前後 | 日本（【倭】）が100余りの小国に分かれていた。<br>→『漢書』地理志に記されている。 |
| 57年 | 倭の【奴国】の王が漢（後漢）に使いを送る。<br>→『後漢書』東夷伝に記されている。 |
| 239年 | 【邪馬台国】の女王【卑弥呼】が魏に使いを送る。<br>→【『魏志』倭人伝】に記されている。 |

## 重要ポイントをチェック

- 『漢書』地理志，『後漢書』東夷伝，『魏志』倭人伝は中国の歴史書。
  →当時の日本は中国から倭と呼ばれていた。
- 奴国の王は漢（後漢）の皇帝から「漢委奴国王」と刻まれた【金印】を授けられた。この金印とされるものが江戸時代に福岡県の【志賀島】で発見された。
- 卑弥呼は魏の皇帝から「親魏倭王」の称号や金印，銅鏡などを授けられた。
- 卑弥呼は占いと呪いにより，人々を支配していた。

> 『漢書』地理志　海のむこうには倭人が住んでおり，100余りの国に分かれている。そして，定期的に貢物を持ってやって来るということだ。
>
> 『後漢書』東夷伝　建武中元二年（57年）に倭の奴国が貢物を持って来た。…皇帝は奴国の王の位を認め，その証拠として金印を授けた。
>
> 『魏志』倭人伝　倭人は以前は100余りの国に分かれていた。今では30国ほどである。…倭に行くには海岸沿いに海を行き，…さらに南に行くと邪馬台国に着く。女王の都で，船で10日，陸行で1か月かかる。
>
> ※いずれも部分要約

**奴国の王や卑弥呼が中国に使いを送ったのは，王としての地位を認めてもらうためだよ。**

## 問題演習

### ゼッタイに押さえるべきポイント

□紀元前1世紀頃の日本が100余りの小国に分かれていたと書かれている中国の歴史書は【『漢書』地理志】である。（鷗友学園女子中など）

□紀元前後のころの中国の歴史書で，日本は【倭】と呼ばれていた。（江戸川学園取手中など）

□奴国の王が中国に使いを送り，金印を授けられたと書かれている中国の歴史書は【『後漢書』東夷伝】である。（大妻中など）

□江戸時代に「漢委奴国王」と刻まれた金印が発見された場所は【志賀島】である。（開智日本橋中・立教新座中など）

□【邪馬台国】の女王卑弥呼が中国に使いを送ったことが書かれている中国の歴史書は，【『魏志』倭人伝】である。（市川中・光塩女子学院中等科など）

□卑弥呼が中国の皇帝から授かった称号は【親魏倭王】である。（浅野中など）

□卑弥呼は中国の皇帝から【銅鏡】100枚を与えられた。（横浜共立学園中など）

### 入試で差がつくポイント 解説➡p155

□奴国の王や卑弥呼が中国に使いを送ったのはなぜか。その理由を簡単に説明しなさい。

［例：中国の皇帝に王としての立場を認めてもらい，国内や朝鮮半島での力を強めるため。］

□『魏志』倭人伝によると，邪馬台国の女性は，どのような服を着ていたか。簡単に説明しなさい。（フェリス女学院中など）

［例：大きな布の真ん中に穴をあけ，そこから頭が出るようにかぶる服。］

中国の歴史書の名前と時代，そこに記されていることを整理しておこうね。

# テーマ56 大和政権と古墳文化

## 年表でチェック

| 年 | おもなできごと |
|---|---|
| 3世紀後半 | 奈良盆地を中心とする地域に【大和政権（ヤマト王権）】が成立する。<br>→4世紀後半から5世紀ごろまでに，九州中部から東北地方の南部までを支配下においた。<br>各地で【古墳】がつくられ始める。 |
| 5世紀 | 大陸から移住してきた【渡来人】が漢字や儒教を伝える。<br>倭王【武】が中国の南朝（宋）に使いを送る。（478年）<br>→『宋書』倭国伝に記されている。 |
| 6世紀 | 朝鮮半島の百済から【仏教】が伝わる。 |

## 重要ポイントをチェック

- 大和政権は【大王】（のちの天皇）を中心とする豪族たちの連合政権で，その政府を【大和朝廷】という。豪族たちは【氏】と呼ばれる血縁集団をつくり，臣，連などの【姓】と呼ばれる職務や地位を示す称号を与えられ，人民を支配した。このしくみを【氏姓制度】という。
- 古墳は大王や豪族たちの墓で，大きなものは【前方後円墳】が多い。大阪府堺市の【大仙古墳】は日本最大の前方後円墳で，仁徳天皇の墓であると伝えられている。古墳のまわりや頂上には【埴輪】が置かれた。
- 渡来人は4～6世紀ごろ，中国や朝鮮半島から日本に移り住んだ人々で，漢字や儒教のほか，大陸の進んだ技術を伝えた。
  →養蚕，機織り，土木技術，かたい質の土器（【須恵器】）など。
- 5世紀には【倭の五王】（讃・珍・済・興・武）が中国の南朝（宋）に使いを送ったと記録されている。武は雄略天皇であると考えられている。
- 埼玉県の稲荷山古墳や熊本県の江田船山古墳から出土した鉄剣や鉄刀に刻まれた「ワカタケル大王」は雄略天皇だと考えられている。

古墳がさかんにつくられた4世紀から7世紀ごろを古墳時代というよ。

## 問題演習

### ゼッタイに押さえるべきポイント

□卑弥呼の家(つか)と目される，弥生時代から古墳時代へ移る時期に造られた奈良県にある古墳は【箸墓(はしはか)古墳】である。できたらスゴイ!　（立教新座中など）

□古墳の周りや頂上におかれた筒型や人物・動物・家・船などをかたどった粘土(ねんど)を焼いたものを【埴輪】という。　（頌栄女子学院中など）

□倭の五王が中国に使いを送り，朝鮮半島南部で優位に立とうとしたことが，中国の歴史書【『宋書』倭国伝】に書かれている。（山手学院中・市川中など）

□4～6世紀頃に，朝鮮半島などから移住して優れた技術などを持ち込んで当時の政府に貢献(こうけん)した人々を，【渡来人】という。　（開智中など）

□朝鮮半島から伝えられた技術で焼かれた，うすくてかたい土器を【須恵器】という。　（青稜中・立教女学院中など）

□埼玉県の【稲荷山古墳】から見つかった鉄剣には，大和政権との結びつきを想定させる「ワカタケル」の名が刻まれていた。　（早稲田実業中等部など）

□熊本県の【江田船山(えたふなやま)古墳】からは，「ワカタケル大王」の名が刻まれた鉄刀が出土した。　（神戸海星女子中・世田谷学園中・西大和学園中など）

□初めて倭国に公式に仏教を伝えた百済の国王は【聖明王(せいめいおう)】である。
できたらスゴイ!　（開成中など）

### 入試で差がつくポイント 解説➡p155

□機織(はたお)りの技術は，それまでの原始的な方法から，古墳時代に飛躍(ひやく)的に発展した。その理由を，簡単に説明しなさい。　（フェリス女学院中など）

［例：渡来人が大陸の進んだ機織りの技術を伝えたから。］

□「くに」がつくられていった流れを，「むら」が米づくりを行っていたことと関連させて，簡単に説明しなさい。　（雙葉中など）

［例：米づくりのための土地や用水をめぐって「むら」どうしが争い，強い「むら」が周囲の「むら」を従えていき，「くに」としてまとまっていった。］

# テーマ57 聖徳太子と大化の改新

## 年表でチェック

| 年 | おもなできごと |
|---|---|
| 593年 | 【聖徳太子】が【推古天皇】の摂政となる。<br>→【蘇我馬子】の協力を得て，天皇中心の国づくりを進める。 |
| 603年 | 【冠位十二階】の制度を定める。<br>→氏や姓にとらわれず，能力や功績のある人を役人にする。 |
| 604年 | 【十七条の憲法】を定める。<br>→役人の守るべき心がまえを示す。 |
| 607年 | 【小野妹子】らを【遣隋使】として中国に派遣する。<br>→中国の進んだ文化や制度を取り入れるため。 |
| 645年 | 【中大兄皇子】や中臣鎌足らが蘇我氏を倒し，【大化の改新】と呼ばれる政治改革を始める。 |
| 663年 | 【白村江の戦い】で唐と新羅の連合軍に敗れる。 |
| 668年 | 中大兄皇子が【天智天皇】として即位する。 |
| 672年 | 【壬申の乱】が起こり，大海人皇子が大友皇子に勝利する。 |
| 673年 | 大海人皇子が【天武天皇】として即位する。 |
| 694年 | 藤原京が建設される。 |
| 701年 | 唐のしくみにならい，【大宝律令】が制定される。 |

## 重要ポイントをチェック

- 聖徳太子の時代に日本最初の仏教文化である【飛鳥文化】が栄えた。
  →【法隆寺】，法隆寺の釈迦三尊像，玉虫厨子など。
  →蘇我馬子が建てた飛鳥寺も代表的な建造物の一つ。
- 646年に改新の詔が出され，新しい政治の方針が示された。
  →【公地・公民】制，【班田収授法】，【租・庸・調】の税制など。
  - 公地・公民制…豪族が支配していた土地と人民を国のものとする。
  - 班田収授法…6歳以上の男女に【口分田】を与え，死ねば返却させる。
    →税の他，労役や兵役の負担も課された。
- 白村江の戦いの後，国内の守りを固めるために，北九州に大宰府などが置かれた。

## 問題演習

### ゼッタイに押さえるべきポイント

□蘇我氏の娘を妻(つま)とし，仏教を厚(あつ)く敬(うやま)った皇子は【聖徳太子（厩戸皇子(うまやどのおうじ)）】である。（穎明館中など）

□和を大切にし，三宝（仏法僧）を敬うことなどを定め，役人の心構えを示した法は【十七条の憲法】である。（立教池袋中など）

□【小野妹子】は，遣隋使として中国へ渡り，中国の皇帝に国書を手渡した。（公文国際学園中等部など）

□日本最初の仏教文化である【飛鳥文化】を代表する建築物として，現存する世界最古の木造建築である【法隆寺】などがある。（公文国際学園中等部など）

□6世紀に蘇我馬子が立てた寺院を【飛鳥寺】という。（晃華学園中など）

□蘇我入鹿(そがのいるか)は，大化の改新に際して，中大兄皇子と【中臣鎌足】によって倒(たお)された。（頌栄女子学院中など）

□663年，中大兄皇子が百済(くだら)を助けるために大軍を送り，唐・新羅と戦ったが大敗した戦いを【白村江の戦い】という。（共立女子中・芝中など）

□中大兄皇子は近江大津宮(おうみおおつのみや)で即位し，【天智天皇】となり，北九州に【大宰府】を置くなど国内の守りを固めた。（共立女子中・芝中など）

□672年に起こった壬申の乱では【大友皇子】と大海人皇子が天皇の位を争った。（攻玉社中など）

□694年，奈良の飛鳥に，碁盤(ごばん)の目のように区画された【藤原京(ふじわらきょう)】が建設された。（フェリス女学院中など）

□班田収授法は，701年につくられた【大宝律令】に基づいて実施された。（東洋英和女学院中学部など）

### 入試で差がつくポイント 解説➡p156

□冠位十二階が設けられる以前には，重要な役職につく人はどのようなことで決まっていたか。簡単に説明しなさい。（フェリス女学院中など）

［例：家柄によって決まっていた。］

# テーマ58 旧石器時代・縄文時代

## 年表でチェック

| 年 | おもなできごと |
|---|---|
| 数十万年前 | 日本列島は【ユーラシア】大陸と陸続きであった。<br>→当時は【氷河時代】で，海面が現在よりも低かった。 |
| 約１万年前 | 氷河時代が終わり，日本が現在のような島国となる。<br>→氷河がとけて海へ流れこみ，海面が上昇した。 |

## 重要ポイントをチェック

- 氷河時代の人々は石を打ち欠いてつくった【打製石器（旧石器）】を用い，狩りや採集によって生活していた。この時代を【旧石器時代】ともいう。この時代には土器はまだ使用されていなかった。
  - 長野県の【野尻湖遺跡】からは，大陸系のナウマンゾウやオオツノジカの化石が発見されている。（陸続きであった証拠）
  - 群馬県の【岩宿遺跡】からは打製石器が発見されており，日本にも旧石器時代があったことが証明された。
- 約1万年前，人々は水辺のある台地に【竪穴住居】を建てて住み，狩りや漁，採集中心の生活を送るようになった。人々は縄目の文様のついた土器（【縄文土器】）を用いるようになったので，この時代を縄文時代という。
  - 道具…縄文土器，石を鋭く磨いてつくった【磨製石器（新石器）】，骨角器（動物の骨や角でつくった道具）
  - 【土偶】…女性をかたどった土製の人形。安産や魔よけ，豊かな恵みを祈るために用いられたと考えられている。
  - 【貝塚】…縄文時代のごみ捨て場。当時の生活の様子がわかる。
  - 東京都の【大森貝塚】…アメリカ人のモースによって発見された。
  - 千葉県の加曽利貝塚…日本最大級の貝塚。
  - 青森県の【三内丸山遺跡】…約1500年間におよぶ大規模な集落跡。約500の竪穴住居跡，約20の大型住居跡などの発見。

## 問題演習

### ゼッタイに押さえるべきポイント

□日本で最初に見つかった旧石器時代の遺跡は群馬県の【岩宿遺跡】である。
（湘南白百合中など）

□旧石器時代には，黒曜石を使った矢じりを使って，【ナウマンゾウ】やオオツノジカなどの大型動物を狩りの獲物としていた。（巣鴨中・聖光学院中など）

□縄文時代の人々は，あらゆる自然物や自然現象に魂が存在すると考えていた。この考え方を【アニミズム】という。（鎌倉女学院中など）

□縄文時代につくられていた住居を【竪穴住居】といい，定住的な生活をしていた。（鎌倉女学院中など）

□縄文時代には，木を切ったり加工したりするために表面をみがいた【磨製石器】が使用された。（鎌倉女学院中など）

□【大森貝塚】は，アメリカの動物学者エドワード＝モースが調査した。
（横浜共立学園中など）

□日本最大級の貝塚は，千葉市にある【加曽利貝塚】である。（暁星中など）

□縄文時代につくられた，人をかたどった土製品を【土偶】という。
（西大和学園中・江戸川学園取手中など）

□動物の骨や角を加工した【骨角器】は釣り針や銛などに用いられた。
（巣鴨中など）

### 入試で差がつくポイント 解説➡p156

□縄文時代には，ブナ，クリ，ナラ，シイなどの実は，人々の重要な食料だった。これらの実のうち生で食べられないもののアクをぬくために，どのようなことをしたか。簡単に説明しなさい。（栄光学園中など）

［例：水にさらしていた。
例：土器を使って煮炊きをしていた。］

旧石器時代や縄文時代には，貧富の差や身分の差はまだなかったことも，チェックしておこう。

# テーマ59 政治史

## 年表でチェック

| 年 | おもなできごと |
|---|---|
| 672年 | 【壬申の乱】が起こり，大海人皇子（天武天皇）が勝利する。 |
| 939年 | 関東地方で【平将門】が反乱を起こす。 |
| 939年 | 瀬戸内海で【藤原純友】が反乱を起こす。 |
| 1156年 | 天皇と上皇の争いから【保元の乱】が起こる。 |
| 1159年 | 【平治の乱】が起こり，平清盛が源義朝に勝利する。 |
| 1185年 | 【壇ノ浦の戦い】で源氏が平氏を滅ぼす。 |
| 1221年 | 後鳥羽上皇が【承久の乱】を起こす。 |
| 1428年 | 借金の帳消しを求める【正長の土一揆（徳政一揆）】が起こる。<br>→近江国（滋賀県）の馬借などが起こす。土倉や酒屋が襲われる。 |
| 1467年 | 足利義政のあとつぎ問題などをきっかけに【応仁の乱】が起こる。<br>→下剋上の風潮が広まるきっかけとなった。 |
| 1485年 | 山城国（京都府）で【山城国一揆】が起こる。<br>→守護大名が追い出され，約8年間自治が行われた。 |
| 1488年 | 加賀国（石川県）で【加賀の一向一揆】が起こる。<br>→守護大名が倒され，約100年間自治が行われた。 |
| 1575年 | 【長篠の戦い】で，織田信長が鉄砲を活用して武田勝頼に勝利する。 |
| 1600年 | 【関ヶ原の戦い】が起こり，徳川方が豊臣方に勝利する。 |
| 1637年 | 【島原・天草一揆】が起こる。（以後キリシタン弾圧が強まる。） |
| 1837年 | 大阪で【大塩平八郎】が乱を起こす。<br>→天保のききんで苦しむ人々の救済が目的であった。 |
| 1868年 | 【戊辰戦争】が始まる。（旧幕府軍と新政府軍の戦い）<br>→函館の五稜郭で旧幕府軍が降伏して終結。（1869年） |
| 1877年 | 西郷隆盛が【西南戦争】を起こす。（以後，政府批判は言論へ） |
| 1918年 | 【米騒動】が富山県から全国に広がる。 |

ここでは，戦いの歴史から，政治の流れをおさらいしよう。

# 問題演習

## ゼッタイに押さえるべきポイント

□672年，壬申の乱に勝利した大海人皇子は，【天武天皇】として即位した。（横浜共立学園中など）

□1159年，平清盛が【源義朝】を平治の乱で破った。（鎌倉女学院中など）

□平氏が滅亡した壇ノ浦の戦いは，現在の【山口】県で起こった。（お茶の水女子大学附属中など）

□1428年に起こった正長の徳政一揆では，高利貸の【土倉】や酒屋が襲(おそ)われ，借金の証文(しょうもん)が破り捨てられた。（早稲田実業中等部など）

□江戸時代に，【大阪】で幕府の元役人である大塩平八郎が反乱を起こした。（慶應義塾普通部など）

□函館の【五稜郭】で榎本武揚(えのもとたけあき)が降伏し，戊辰戦争が終わった。（世田谷学園中など）

□物価上昇とシベリア出兵による米の買い占めのため，1918年に【富山】県から米の安売りを求める米騒動が起こった。（江戸川学園取手中など）

## 入試で差がつくポイント 解説➡p156

□平安時代に起きた次のア～オのできごとを，年代の古い順に並べ替えなさい。

ア　保元の乱　　イ　平将門の乱　　ウ　前九年合戦
エ　藤原純友(すみとも)の乱　　オ　承久の乱

【イ→エ→ウ→ア→オ】

□次のア～エのできごとを，年代の古い順に並べ替えなさい。

ア　平治の乱　　イ　平将門の乱
ウ　応仁の乱　　エ　壬申の乱

【エ→イ→ア→ウ】

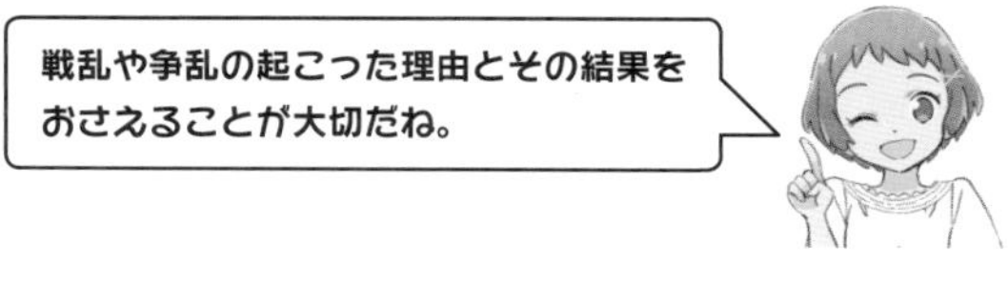

戦乱や争乱の起こった理由とその結果をおさえることが大切だね。

# テーマ60 土地制度史

## 年表でチェック

| 年 | おもなできごと |
|---|---|
| 645年 | 【大化の改新】が始まる。<br>→翌年の改新の詔で【公地・公民】制の方針が示された。<br>その後，【班田収授法】が行われた。 |
| 701年 | 【大宝律令】が制定され，班田収授法のしくみが整った。 |
| 723年 | 【三世一身法】が出される。 |
| 743年 | 【墾田永年私財法】が出される。→【荘園】の発生。 |
| 1582年 | 豊臣秀吉が【太閤検地】を開始する。→荘園の消滅。 |
| 1873年 | 【地租改正】が行われる。→税の金納化で政府財政が安定。 |
| 1946年 | 【農地改革】が始まる。→多くの小作農が【自作農】となる。 |

## 重要ポイントをチェック

- 公地・公民制は豪族が支配していた土地と人民を国のものとする原則。
- 班田収授法は6歳以上のすべての男女に【口分田】を支給し，死後は国に返却させた制度。唐の均田制にならってつくられた。
- 三世一身法は新しく開墾した土地について，三世代の私有を認める法令。
- 墾田永年私財法は新しく開墾した土地の永久私有を認める法令。この法令により，貴族や寺社などは開墾を進め，私有地を増やした。このような私有地はのちに荘園と呼ばれるようになった。
- 太閤検地は全国の田畑を同じ基準で測量し，その生産量を【石高】であらわすとともに，耕作者を【検地帳】に記録した政策。
- 地租改正は土地の所有者に【地券】を発行し，【地価】の3%を【地租】として現金で納めさせた制度。その後，1877年に地租は2.5%に引き下げられた。
- 農地改革は農村の民主化を目的に，地主の土地所有を制限し，国が土地を地主から買い上げて，小作農に安く売り渡した政策。

御恩と奉公の関係は，土地をなかだちにした関係だったね。土地がどう扱われたかは，歴史の流れと深く関係しているね。

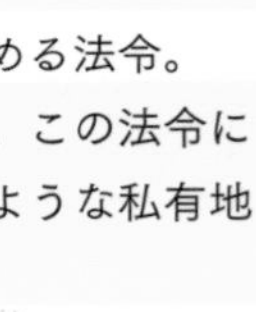

# 問題演習

## ゼッタイに押さえるべきポイント

□豪族が支配していた土地や人民を天皇のものにすることを【公地・公民】という。（神奈川大学附属中など）

□律令のうち，律は【刑罰】のきまり，令はそれ以外の行政に関するきまりを定めた。できたらスゴイ!（洗足学園中など）

□大宝律令の編纂の中心人物は，中臣鎌足の子であり，律令政治の整備にも活躍した【藤原不比等】である。（立教新座中など）

□中国には，皇帝が支配する土地を人々へ直接分け与える均田法という制度があった。これを参考にして日本でつくられたのが【班田収授法】である。（田園調布学園中・立教新座中など）

□723年，元正天皇の時代に【三世一身法】が定められた。（光塩女子学院中等科など）

□743年の墾田永年私財法の制定以降，貴族や寺社などは積極的に開墾を行い，【荘園】と呼ばれる私有地を広げた。（鎌倉女学院中など）

□豊臣秀吉は，天下統一の過程で，支配した地域に家臣を派遣して太閤検地を実施し，土地の石高や耕作者の名を【検地帳】に登録させた。（吉祥女子中など）

□明治政府は，土地の広さを測って値段を決め，その【3】％を税として現金で納めさせる地租改正を実施した。（雙葉中など）

□1940年代後半，自分の土地を持たない農民に，安い値段で農地を分け与える【農地改革】が実施された。（日本女子大学附属中など）

## 入試で差がつくポイント 解説➡p156

□明治政府が，江戸時代以前の年貢による納税から，現金による納税に変更した目的について，簡単に説明しなさい。

［例：天候などに左右される年貢による納税から，毎年一定の税収が見込める地租による納税とすることで，財政を安定させるため。］

それぞれの土地制度改革の目的と結果をとらえることが大切だよ。

# テーマ61 産業史

## 年表でチェック

### 〈農業〉

| 時代 | おもなできごと |
|---|---|
| 弥生時代 | 【稲作】が本格的に始まり，各地に広まる。（北九州→東日本） |
| 鎌倉時代 | 近畿地方を中心に【二毛作】が始まる。<br>【草木の灰】を肥料として利用する。<br>牛や馬を利用した耕作が広まる。 |
| 室町時代 | 二毛作が【関東】地方へ広まる。各地に特産物が生まれる。 |
| 江戸時代 | 【新田】の開発が進み，【綿】などの商品作物の栽培が広まる。<br>深く耕せる【備中ぐわ】，脱穀の能率を高めた【千歯こき】などの新しい農具が発明される。<br>【ほしか】（干した鰯）など，お金で購入する肥料が登場する。 |

### 〈商業〉

| 時代 | おもなできごと |
|---|---|
| 鎌倉時代 | 商工業者が同業者組織である【座】をつくる。<br>月に3回の【定期市】が開かれる。<br>港に【問（問丸）】（運送業者）が現れる。<br>宋銭が輸入され，使われる。 |
| 室町時代 | 定期市が月に6回開かれ，宋銭や【明銭】が使われる。<br>問（問丸）から発展した【問屋】が現れる。<br>運送業者の【馬借】や【車借】が現れる。<br>高利貸しの【土倉】や【酒屋】が現れる。 |
| 江戸時代 | 大商人が【株仲間】をつくり，営業を独占する。<br>→田沼意次が結成を奨励し，水野忠邦が解散を命じた。<br>貨幣の交換などを行う【両替商】が現れる。<br>諸藩が【大阪】や江戸に【蔵屋敷】を置く。<br>→年貢米や特産品の販売が目的。<br>大阪は【天下の台所】と呼ばれ，商業の中心地として栄える。 |

各地に「〜〜新田」という地名があるね。多くの場合，かつて新田の開発が行われたことに由来するんだよ。

# 問題演習

## ゼッタイに押さえるべきポイント

□鎌倉時代には，稲を収穫したあとに【麦】をつくる二毛作が始まり，豊かになる荘園があらわれた。（光塩女子学院中等科など）

□鎌倉時代になると，【牛】や馬を使った耕作が行われた。（逗子開成中など）

□江戸時代になると，商品作物を栽培することによって，農家は【現金】収入を得るようになった。（鎌倉女学院中など）

□江戸時代，千歯こきを使って，【脱穀】が行われた。（東洋英和女学院中学部など）

□鎌倉時代になると，商工業者らは【座】と呼ばれる同業者の組合をつくり，港には品物の保管や運送を行う【問（問丸）】が出現した。（白百合学園中など）

□鎌倉時代には，流通や取引がさかんになり，中国から輸入された貨幣である【宋銭】が用いられた。（中央大学附属横浜中・白百合学園中など）

□【田沼意次】は，商人の力を利用して幕府の収入を増やそうと考え，株仲間の結成を認める代わりに税を納めさせた。（晃華学園中など）

□江戸時代，諸藩の蔵屋敷が置かれ，商業（流通）の中心地となっていた大阪は「【天下の台所】」と呼ばれた。（金蘭千里中など）

## 入試で差がつくポイント 解説➡p156

□江戸時代には貨幣に関するある商売が発展しました。この理由を，ある商売の名前を明らかにし，東日本に金山，西日本に銀山があったことを踏まえて，簡単に説明しなさい。（大妻中など）

［例：江戸では金，京都や大阪を中心とする上方では銀が使われたため，金貨と銀貨を交換する両替商（りょうがえしょう）が発達した。］

座や株仲間とか，まざってしまいそうだよ。

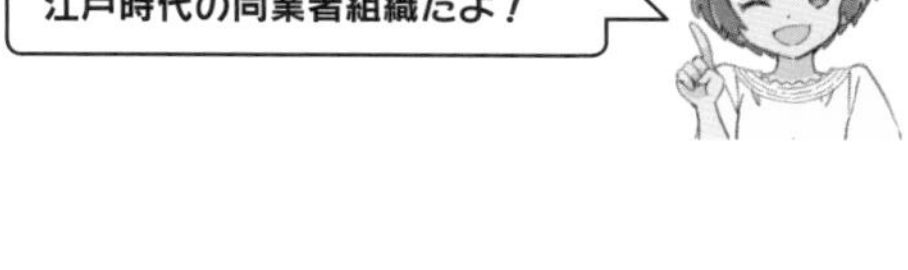

座は鎌倉～室町時代，株仲間は江戸時代の同業者組織だよ！

# テーマ62 文化史①

## 年表でチェック

| 時代 | おもなできごと |
| --- | --- |
| 7世紀前半 | 【飛鳥】文化<br>• 法隆寺の【釈迦三尊像】や玉虫厨子などがつくられる。 |
| 8世紀 | 【天平】文化<br>• 東大寺の【大仏】（盧舎那大仏像）がつくられる。<br>• 唐招提寺の【鑑真像】がつくられる。<br>• 興福寺の阿修羅像がつくられる。 |
| 10～11世紀 | 【国風】文化<br>• 日本の風物を題材に，なだらかな線と上品な色で絵巻物などの【大和絵】がえがかれる。→『源氏物語絵巻』など。 |
| 13～14世紀 | 鎌倉文化<br>• 【似絵】と呼ばれる肖像画がえがかれる。<br>• 運慶，快慶らが東大寺南大門の【金剛力士像】の制作に携わる。 |
| 15世紀 | 室町文化<br>• 雪舟が【水墨画】を大成する。→山口県で活動する。<br>• 枯山水がつくられる。 |
| 16世紀後半 | 【桃山】文化<br>• ふすまや障子，屏風などに【障壁画】がえがかれる。<br>→代表作は【狩野永徳】の『唐獅子図屏風』など。 |
| 17～18世紀 | 【元禄】文化<br>• 菱川師宣が【浮世絵】の祖となる。（代表作『見返り美人図』）<br>• 俵屋宗達の『風神雷神図屏風』や尾形光琳の『燕子花図屏風』などの【装飾画】がえがかれる。 |
| 19世紀前半 | 【化政】文化<br>• 葛飾北斎の『富嶽三十六景』，歌川広重の『東海道五十三次』などの【錦絵】が流行する。 |

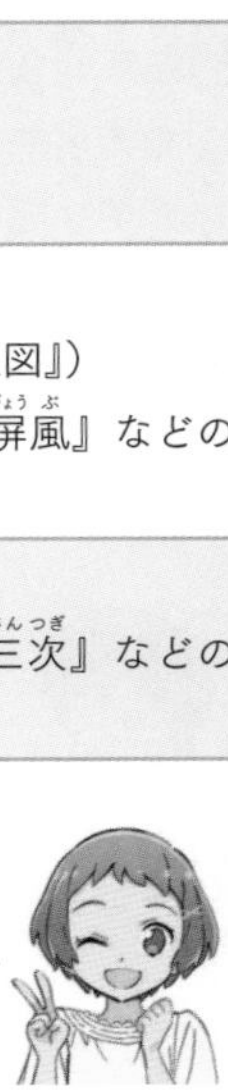

桃山文化は大名や商人の力を背景にした豪華な文化，化政文化は庶民的な文化など，それぞれの文化の特徴を整理しておこう。

## 問題演習

### ゼッタイに押さえるべきポイント

□天平文化を代表する作品として，興福寺の【阿修羅】像や唐招提寺の【鑑真（和上）】像などがある。（本郷中・豊島岡女子学園中など）

□十二単を着た女性が多く描かれている，平安時代の物語をもとにつくられた絵巻物を【源氏物語絵巻】という。（田園調布学園中・フェリス女学院中など）

□足利義政が将軍であった頃，禅宗の影響を受けた簡素で気品のある【枯山水】の庭園がつくられた。（同志社中・青山学院中等部など）

□雪舟は，小京都といわれた戦国大名大内氏の城下町（現在の【山口】県）で創作活動を続け，日本の【水墨画】を大成した。（暁星中など）

□【屏風】は，木枠に紙や布を張って連結し，たためるようにしたものである。（開成中など）

□色のついた浮世絵を特に【錦絵】という。（立教新座中など）

□東海道などから望むさまざまな表情の富士山を描いた『富嶽三十六景』の作者は【葛飾北斎】である。（開成中・巣鴨中など）

□ヨーロッパの芸術家に影響を与え，江戸と京都を結ぶ東海道をテーマにした絵画で知られる作者は【歌川広重】である。（栄東中など）

### 入試で差がつくポイント 解説➡p156

□次のア～ウの仏像を，つくられた年代の古い順に並び替えなさい。

ア　東大寺南大門「金剛力士像」
イ　法隆寺「釈迦三尊像」
ウ　唐招提寺「鑑真（和上）像」

【イ→ウ→ア】

美術作品はいつの時代に誰がつくったかをおさえておくことが大切だよ。

『富岳三十六景』といえば葛飾北斎！『東海道五十三次』といえば歌川広重！ってすぐに答えられる感じだね。

# テーマ63 文化史②

## 年表でチェック

| 時代 | おもなできごと |
|---|---|
| 飛鳥時代<br>（飛鳥文化） | • 聖徳太子が【法隆寺】を建てる。<br>→現存する世界最古の木造建築。 |
| 奈良時代<br>（天平文化） | • 聖武天皇が東大寺，鑑真が【唐招提寺】を建てる。<br>• 東大寺の【正倉院】がつくられる。<br>→【校倉造】と呼ばれる建築様式が用いられ，聖武天皇の遺品などが保管されていた。 |
| 平安時代<br>（国風文化） | • 【寝殿造】の貴族の邸宅がつくられる。<br>→主人の住む正殿を中心に建物を渡り廊下でつなぎ，正殿の正面に池や築山のある庭がつくられた。<br>• 浄土信仰の広まりとともに各地に阿弥陀堂がつくられる。<br>　• 【平等院鳳凰堂】…藤原頼通が建てる。<br>　• 【中尊寺金色堂】…奥州藤原氏が建てる。 |
| 鎌倉時代<br>（鎌倉文化） | • 【東大寺南大門】が再建される。<br>→金剛力士像（運慶や快慶らが制作に携わる）が安置されている。 |
| 室町時代<br>（室町文化） | • 足利義満が北山に【金閣】（のちの鹿苑寺）を建てる。<br>• 足利義政が東山に【銀閣】（のちの慈照寺）を建てる。<br>→銀閣の東求堂同仁斎は代表的な【書院造】の建物。<br>• 書院造は床の間やちがい棚を設け，畳をしき，ふすまや障子で部屋を仕切る，現在の和風建築のもととなった建築様式。 |
| 安土・桃山時代<br>（桃山文化） | • 【天守閣】をもつ城がつくられる。<br>→織田信長が建てた【安土城】，豊臣秀吉が建てた大阪城などの他，世界文化遺産に登録されている【姫路城】が有名。 |
| 江戸時代 | • 徳川家康をまつる【日光東照宮】がつくられる。 |

ここでは，寺院や城などの建造物を中心に，文化史を整理しようね。

## 問題演習

### ゼッタイに押さえるべきポイント

□法隆寺は【聖徳太子】によって建てられた，日本で最初の**世界文化遺産**となった寺院である。（雙葉中など）

□唐の僧の**鑑真**は苦労して来日し，【唐招提寺】を建てた。（慶應義塾湘南藤沢中等部など）

□**東大寺の正倉院**は，【校倉造】の構造をもつ建築物である。（慶應義塾湘南藤沢中等部など）

□平安時代の貴族は，庭や池をそなえた大きな屋敷に住んでいた。このような住宅様式を【寝殿造】という。（横浜雙葉中など）

□平安時代中期に**末法思想**が流行し，**空也**らは「阿弥陀如来が死後に極楽へ往生させてくれる」とする【浄土信仰（浄土教）】を主張した。（本郷中など）

□【平泉】にある**中尊寺金色堂**には，**藤原清衡**をはじめとする**奥州藤原氏**の棺が納められている。（浦和明の星中など）

□【足利義満】は，京都の北山に**金閣**を建てた。（桐蔭学園中など）

□【足利義政】は，1層が【書院造】の**銀閣**を建てた。（日本女子大学附属中など）

□浄土真宗の寺院である**石山本願寺**の跡地に【大阪城】が築かれた。

できたらスゴイ！（浦和明の星中など）

□日光などの東照宮がまつる**東照大権現**とは【徳川家康】が神格化されたものである。（早稲田大学高等学院中学部など）

### 入試で差がつくポイント　解説➡p156

□シルクロードを通じて，ペルシャなど西アジアの商人たちも，唐の都にやってきた。日本にもこのような世界の品々が，遣唐使を通じてもたらされたが，なぜそのようなことがわかるのか。簡単に説明しなさい。（フェリス女学院中など）

［例：東大寺の正倉院に，当時のペルシャからもたらされた品々が保存されていたから。］

建築様式のうち，書院造はとくによく出題されているよ。

# テーマ64 文化史③

## 年表でチェック

| 時代 | おもなできごと |
|---|---|
| 奈良時代 | 〈天平文化〉<br>• 現存する日本最古の歌集である【万葉集】が成立する。<br>→**山上憶良**の【『貧窮問答歌』】や防人の歌など，天皇から貴族，農民まで約4500首の和歌を収める。 |
| 平安時代 | 〈国風文化〉<br>• 漢字からつくられた【仮名文字】が広まる。<br>→感情を自由に表現できるようになり，国文学が発達する。<br>• **紫式部**…【『源氏物語』】　• **清少納言**…【『枕草子』】<br>• **紀貫之**…『土佐日記』，【『古今和歌集』】の編纂。<br>• 仮名文字のうち【平仮名】はおもに女性が用いた。 |
| 鎌倉時代 | 〈鎌倉文化〉<br>• 合戦の様子をえがいた物語である【軍記物】が成立する。<br>→代表作の【『平家物語』】は**琵琶法師**の語りにより広まった。 |
| 室町時代 | 〈室町文化〉<br>• 【お伽草子】が庶民の間で流行する。<br>→『浦島太郎』や『一寸法師』などの絵入りの物語。 |
| 江戸時代 | 〈元禄文化〉<br>• 町人の生活を題材とした小説である【浮世草子】が流行する。<br>→**井原西鶴**の【『日本永代蔵』】，『世間胸算用』など。<br>• **近松門左衛門**が人形浄瑠璃の脚本を書く。<br>→【『曽根崎心中』】，『国性（姓）爺合戦』など。<br>• **松尾芭蕉**が俳諧（俳句）を大成し，【『奥の細道』】などを書く。<br>〈化政文化〉<br>• 町人の生活を生き生きとえがいた滑稽本が流行する。<br>→**十返舎一九**の【『東海道中膝栗毛』】など。<br>• **滝沢（曲亭）馬琴**の【『南総里見八犬伝』】などの長編小説も人気を集めた。 |

**時代ごとに各作品と作者をセットでおさえることが大切だよ。**

# 問題演習

## ゼッタイに押さえるべきポイント

□筑前国の国司である**山上憶良**は【貧窮問答歌】をよんだ。
（横浜共立学園中など）

□平安時代の女性は，和歌をよんだり物語を書いたりするときに【仮名文字】を使った。
（桜蔭中など）

□**清少納言**は，ひらがなと漢字を使って【『枕草子』】を書いた。
（栄光学園中など）

□**紀貫之**は，女性のふりをして，日本で最初の仮名日記である【『土佐日記』】を書いた。
（立教女学院中など）

□鎌倉時代になると，**『平家物語』**を【琵琶】の伴奏で語る芸能がさかんになり，多くの人が楽しんだ。
（桜蔭中など）

□室町時代には，**『浦島太郎』**や**『一寸法師』**などの【お伽草子】が流行した。
（青山学院中等部など）

□江戸時代に平泉を訪ね，「五月雨の　降り残してや　光堂」とよんだのは【松尾芭蕉】である。
（日本女子大学附属中など）

□東海道を舞台に，面白おかしく旅をする人々の姿を描いたことで知られる物語**『東海道中膝栗毛』**の作者は【十返舎一九】である。（慶應義塾普通部など）

□**水野忠邦**が出版物の取り締まりを行っていた頃，**『南総里見八犬伝』**を書いたのは【滝沢（曲亭）馬琴】である。
（淑徳与野中など）

## 入試で差がつくポイント 解説➡p156

□江戸時代の文学作品の著者と作品名の組み合わせとして正しいものを，次のア～エから1つ選びなさい。

ア　著者：滝沢馬琴　　作品：『曽根崎心中』
イ　著者：松尾芭蕉　　作品：『南総里見八犬伝』
ウ　著者：近松門左衛門　作品：『東海道中膝栗毛』
エ　著者：井原西鶴　　作品：『日本永代蔵』

【エ】

**松尾芭蕉の俳句は，「五月雨を　あつめて早し　最上川」や「古池や　蛙飛び込む　水の音」などが有名だね。**

# テーマ65 外交史①

## 年表でチェック

| 年 | おもなできごと |
|---|---|
| 57年 | 【奴国】の王が漢（後漢）に使いを送る。<br>→【金印】（江戸時代に志賀島で発見）を授けられる。 |
| 239年 | 邪馬台国の【卑弥呼】が魏に使いを送る。<br>→「親魏倭王」の称号や金印，銅鏡などを授けられる。 |
| 478年 | 倭王【武】が中国の南朝（宋）に使いを送る。<br>→武は雄略天皇であると考えられている。<br>4～6世紀にかけて，中国や朝鮮半島から日本に移住してきた【渡来人】が進んだ文化や技術を伝えた。 |
| 607年 | 聖徳太子が小野妹子らを【遣隋使】として派遣する。<br>→対等な外交を求めたが，隋の皇帝からは無礼とされた。 |
| 630年 | 第1回の【遣唐使】が派遣される。<br>→のちに遣唐使として派遣された【阿倍仲麻呂】は唐の皇帝に仕え，帰国できずに一生を終えた。 |
| 663年 | 【白村江の戦い】で日本が唐と新羅の連合軍に敗北する。<br>→以後，朝廷は防備をかため，国内の政治に専念した。 |
| 753年 | 唐から【鑑真】が来日する。（何度も渡航に失敗し6回目で成功）<br>→戒律を伝えて【唐招提寺】を開き，日本の仏教を発展させた。 |
| 894年 | 【菅原道真】の意見により，遣唐使が停止される。<br>→唐のおとろえとともに，航路の変更により航海の危険が高まったことが理由。 |
| 12世紀後半 | 平清盛が【日宋貿易】に力を入れる。<br>→【大輪田泊】（兵庫の港，現在の神戸港）を修築する。 |

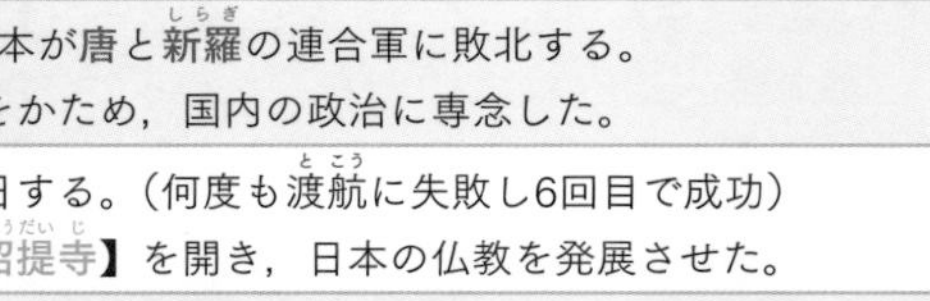

日本の歴史において，中国や朝鮮半島との関係は重要だよ。しっかり整理しておこう。

# 問題演習

## ゼッタイに押さえるべきポイント

□日本と中国の王朝に使いを送るなどして交流していた証拠として，金印が福岡県で見つかっている。この金印に刻まれている文字は【漢委奴国王】である。（須磨学園中・鎌倉学園中など）

□邪馬台国の女王【卑弥呼】は中国の魏に使いを送った。（公文国際学園中等部など）

□中国の記録にあらわれる倭の五王のうち，倭王武は【ワカタケル】大王であり，【雄略】天皇であると考えられている。（早稲田中など）

□古墳時代，【百済】の聖明王から正式に仏教が伝えられた。（早稲田中など）

□聖徳太子は，小野妹子を【遣隋使】として中国に派遣した。（ラ・サール中など）

□中大兄皇子は，白村江の戦いで，唐・【新羅】の連合軍に大敗した。（浦和明の星中など）

□白村江の戦いに敗れた後，唐の侵攻に備えて，九州の北部に【山城】が多く造られた。（立命館守山中・ラ・サール中など）

□【阿倍仲麻呂】は，「天の原　ふりさけ見れば」で始まる歌を残し，唐の皇帝の信任を得て高い位に就いた。（城北中・学習院女子中等科など）

□聖武天皇は，仏教の制度を整えるため，唐から【鑑真】というすぐれた僧をまねいた。（専修大学松戸中・雙葉中など）

□【日宋】貿易のため，平清盛は大輪田泊を整備した。（世田谷学園中など）

□古くから海上の守護神として信仰を集め，平清盛が寝殿造の様式を取り入れた御社殿に修造した，海面にそびえる朱塗りの大鳥居が有名な史跡は【厳島神社】であり，現在の【広島】県にある。できたらスゴイ!（慶應義塾中等部など）

## 入試で差がつくポイント 解説→p156

□遣唐使が中国へ渡航するルートは，当初は朝鮮半島を経由する北側のルートを通っていたが，後に東シナ海を通る南側のルートへ変わった。その理由を，簡単に説明しなさい。（江戸川学園取手中など）

［例：朝鮮半島を統一した新羅との関係が悪化したから。］

# テーマ66 外交史②

## 年表でチェック

| 年 | おもなできごと |
| --- | --- |
| 1274年<br>1281年 | 【文永の役】が起こる。<br>【弘安の役】が起こる。<br>あわせて【元寇】という。<br>→8代執権【北条時宗】の時代。 |
| 1404年 | 【足利義満】が明との間で【勘合貿易】を始める。 |
| 1543年 | ポルトガル人が【種子島】に【鉄砲】を伝える。 |
| 1549年 | スペイン人宣教師の【フランシスコ・ザビエル】が<br>鹿児島に上陸し，【キリスト教】を伝える。<br>→以後，平戸や長崎で【南蛮貿易】がさかんとなる。 |
| 1592年<br>1597年 | 文禄の役が起こる。<br>慶長の役が起こる。<br>【豊臣秀吉】が明を従えようとして，<br>二度にわたり朝鮮に出兵する。（失敗） |
| 1607年 | 【朝鮮通信使】が来日する。（対馬藩が朝鮮との外交を担当）<br>→以後，将軍の代替わりごとに来日。<br>このころ，【朱印船貿易】がさかんとなる。<br>→東南アジアの各地に【日本町（日本人町）】ができる。 |
| 1616年 | ヨーロッパ船の来航を平戸と長崎の2港に限定する。 |
| 1623年 | 【イギリス】が平戸の商館を閉鎖して日本を去る。 |
| 1624年 | 【スペイン】船の来航を禁止する。 |
| 1635年 | 日本人の海外渡航と帰国を禁止する。（朱印船貿易の停止） |
| 1639年 | 【ポルトガル】船の来航を禁止する。 |
| 1641年 | 平戸の【オランダ】商館を長崎の【出島】に移す。→【鎖国】の完成。 |
| 1792年 | ロシアの【ラクスマン】が通商を求め，根室に来航する。 |
| 1804年 | ロシアの【レザノフ】が通商を求め，長崎に来航する。 |
| 1825年 | 幕府が【異国船（外国船）打払令】を出す。<br>→幕府はあくまでも鎖国政策を守ろうとした。 |

16世紀ごろから，ヨーロッパの国々も日本に関係するようになってくるね。一つ一つ覚えておかなきゃ。

## 問題演習

### ゼッタイに押さえるべきポイント

□朝鮮半島の高麗(こうらい)を征服したモンゴル人は，日本へも遠征した。このできごとを，【元寇】という。（須磨学園中・鎌倉学園中など）

□勘合貿易を行うにあたり，【足利義満】は明の皇帝から日本国王の称号を受けた。（浦和明の星中など）

□東南アジアとの貿易に従事する中国船に乗っていたポルトガル人は，種子島に【鉄砲】を伝えた。（城北中など）

□スペイン人やポルトガル人らとの間で，主に銀を用いて取引をする【南蛮】貿易が行われた。（慶應義塾湘南藤沢中等部など）

□文禄の役，慶長の役の2度にわたる朝鮮出兵は，中国の【明】の征服を目指して行われた。（世田谷学園中など）

□朝鮮との貿易が対馬藩を通じて行われ，【将軍】の代替わりなどに朝鮮通信使が江戸を訪れた。（雙葉中など）

□朱印船貿易が活発になると，東南アジア各地に【日本町（日本人町）】がつくられた。（城北中など）

□17世紀中頃から，【オランダ】や中国との貿易は長崎で行われていた。（桐蔭学園中など）

□ロシアのラクスマンは【根室】に来航し，幕府に対して通商を求めた。（浦和明の星中など）

□イギリスの【フェートン】号が長崎港に侵入した事件をきっかけに，幕府は異国船打払令を出した。（浦和明の星中など）

### 入試で差がつくポイント 解説➡p156

□江戸時代の朝鮮との関係について，日本から朝鮮へは何藩が，朝鮮のどこの都市にわたって交流をしていたのか。簡単に説明しなさい。(開成中など)

［例：対馬藩の宗氏が朝鮮の釜山(プサン)にわたって交流した。］

# テーマ67 外交史③

## 年表でチェック

| 年 | おもなできごと |
| --- | --- |
| 1853年 | 【ペリー】が神奈川県の浦賀に来航する。 |
| 1854年 | ペリーと【日米和親条約】を結ぶ。（鎖国の終わり） |
| 1858年 | ハリスと【日米修好通商条約】を結ぶ。（貿易の開始） |
| 1876年 | 【日朝修好条規】を結ぶ。（朝鮮にとっての不平等条約） |
| 1894年 | 陸奥宗光がイギリスと交渉し，【領事裁判権（治外法権）】を撤廃する。<br>【日清戦争】が起こる。→翌年，【下関条約】を結ぶ。 |
| 1895年 | 【三国干渉】が起こり，遼東半島を清に返還する。 |
| 1902年 | 【日英同盟】を結ぶ。（ロシアの南下政策に対抗するため） |
| 1904年 | 【日露戦争】が起こる。→翌年，【ポーツマス条約】を結ぶ。 |
| 1910年 | 【韓国併合】を行う。→京城（現ソウル）に朝鮮総督府を置く。 |
| 1911年 | 小村寿太郎がアメリカと交渉し，【関税自主権】を回復する。 |
| 1915年 | 中国に【二十一か条の要求】を出し，大部分を認めさせる。<br>• 1914年：第一次世界大戦の開始（～18年）　• 1919年：ベルサイユ条約 |
| 1931年 | 【満州事変】が起こる。→翌年，満州国の建国を宣言する。 |
| 1933年 | 日本が【国際連盟】を脱退する。（国際的に孤立） |
| 1937年 | 【日中戦争】が始まる。 |
| 1941年 | 【太平洋戦争】が始まる。<br>• 1940年：日独伊三国同盟を結ぶ。<br>• 1941年：日ソ中立条約を結ぶ。 |
| 1945年 | 【ポツダム宣言】を受け入れ，日本が降伏する。 |
| 1951年 | 【サンフランシスコ平和条約】と日米安全保障条約を結ぶ。 |
| 1956年 | 【日ソ共同宣言】を出す。→日本が【国際連合】に加盟する。 |
| 1965年 | 【日韓基本条約】を結ぶ。 |
| 1972年 | 【日中共同声明】を出す。<br>• 1968年：小笠原諸島の返還。<br>• 1972年：沖縄の返還。 |
| 1978年 | 【日中平和友好条約】を結ぶ。 |

戦後の独立から国交回復の流れはよく出題されているよ。

# 問題演習

## ゼッタイに押さえるべきポイント

- □1853年, アメリカ使節の【ペリー】が浦賀に来航し, 翌年幕府と【日米和親】条約を締結した。（昭和学院秀英中など）
- □日清戦争の後, フランス・ロシア・ドイツが, 日本に対して【遼東半島】を清に返すよう要求した。（日本女子大学附属中など）
- □日本は1910年に韓国を併合したのち, 【朝鮮総督府】をおいて朝鮮の支配を進めた。（浦和明の星中など）
- □1945年7月, アメリカ・【イギリス】・【中国】はベルリンの郊外にあるポツダムで日本に対して宣言を発した。できたらスゴイ!（学習院中等科など）
- □1951年に結ばれた【サンフランシスコ平和】条約によって, 日本は主権を回復した。（親和中・公文国際学園中等部など）
- □【日ソ共同宣言】でソ連と国交を回復したことによって, 日本の**国際連合**への加盟が実現した。（芝中など）
- □**田中角栄**内閣のとき, 【日中共同声明】で中国と国交を樹立した。（巣鴨中など）

## 入試で差がつくポイント 解説➡p157

□アメリカ合衆国がペリーを日本に派遣した目的について, 当時のアメリカの産業・貿易について踏まえながら, 簡単に説明しなさい。

［例：捕鯨船の寄港地と, 中国との貿易航路の安全を確保すること。］

□次のア～オのできごとを, 年代の古い順に並べ替えなさい。

ア　日本が関税自主権を回復し, 不平等条約の改正を達成する。
イ　日清戦争が起こる。
ウ　日露戦争が起こる。
エ　日本が, イギリスとの間での領事裁判権の撤廃に成功する。
オ　ノルマントン号事件が起こる。

【オ→エ→イ→ウ→ア】

いろいろな条約が出てきたけれど, 歴史の流れの中で理解しておけば覚えられるね。

# テーマ68 人物①

## 年表でチェック

| 時代 | おもなできごと |
|---|---|
| 奈良時代 | ・【行基】(668～749年)<br>→朝廷の求めに応じ**東大寺**の【大仏】造営に協力した。<br>・【鑑真】(688?～763年)<br>→唐の高僧で**遣唐使**の招きによって来日した。【唐招提寺】を開き，戒律を伝えるなど日本の仏教の発展に貢献した。 |
| 平安時代 | ・【最澄】(767～822年)<br>→比叡山に**延暦寺**を開き，唐から【天台宗】を伝える。<br>・【空海】(774～835年)<br>→唐から【真言宗】を伝え，高野山に**金剛峯寺**を開いた。 |
| 鎌倉時代 | ・【法然】(1133～1212年)<br>→【浄土宗】を開き，「**南無阿弥陀仏**」の念仏を唱えれば極楽に生まれかわることができると説いた。<br>・【親鸞】(1173～1262年)<br>→【浄土真宗】を開き，念仏を唱え，阿弥陀仏を信じさえすれば，悪人でも救われると説いた。<br>・【一遍】(1239～1289年)<br>→【時宗】を開き，人はすべて阿弥陀仏に救われると説いた。<br>・【日蓮】(1222～1282年)<br>→【日蓮宗】を開き，「**南無妙法蓮華教**」の題目を唱えれば，人も国家も救われると説いた。<br>・【栄西】(1141～1215年)　幕府の保護を受けた<br>→【臨済宗】を開き，厳しい座禅で悟りが開けると説いた。<br>・【道元】(1200～1253)　権力を嫌った<br>→【曹洞宗】を開き，厳しい座禅と修行を説いた。 |

**ここでは僧侶を整理したよ。最澄と空海，法然と親鸞のとりちがえに注意しようね。**

## 問題演習

### ゼッタイに押さえるべきポイント

□東大寺の大仏をつくるには，新しい技術や資金を必要としたため，【行基】をはじめとする多くの僧侶が協力した。（明治大学付属明治中・高田中など）

□聖武天皇は，仏教の制度を整えるため，唐から【鑑真】というすぐれた僧をまねいた。（雙葉中など）

□高野山金剛峯寺を開いた僧は【空海】である。（洗足学園中など）

□【法然】は，ひたすら「南無阿弥陀仏」と唱えれば，往生することができると説いた。（吉祥女子中・海陽中など）

□【親鸞】は，阿弥陀仏を信じさえすれば極楽に生まれ変わるとして，悪人こそ救われることを説いた。（逗子開成中・洗足学園中など）

□【一遍】は踊り念仏を行い，庶民たちに布教した。（逗子開成中など）

□【日蓮】は，法華経がただひとつ正しい経典であると主張し，「南無妙法蓮華経」の題目を唱えれば救われるとした。（帝塚山中・洗足学園中など）

□栄西の開いた【臨済宗】は禅宗の一派である。（早稲田大学高等学院中学部など）

□道元の開いた【曹洞宗】は，座禅を組むことによって悟りをえることを重んじる禅宗の一派であり，主に武士の支持を集めた。（洗足学園中など）

### 入試で差がつくポイント 解説➡p157

□鎌倉新仏教を開いた人物と説明の組み合わせが誤っているものを，次のア～エから1つ選びなさい。

ア　開いた人物：栄西　説明：座禅を組むことによって悟りを開くとした。
イ　開いた人物：親鸞　説明：阿弥陀仏を信じさえすれば，極楽に生まれ変わるとした。
ウ　開いた人物：道元　説明：「南無妙法蓮華経」という題目を唱えた。
エ　開いた人物：一遍　説明：踊りながら念仏を唱えた。

【ウ】

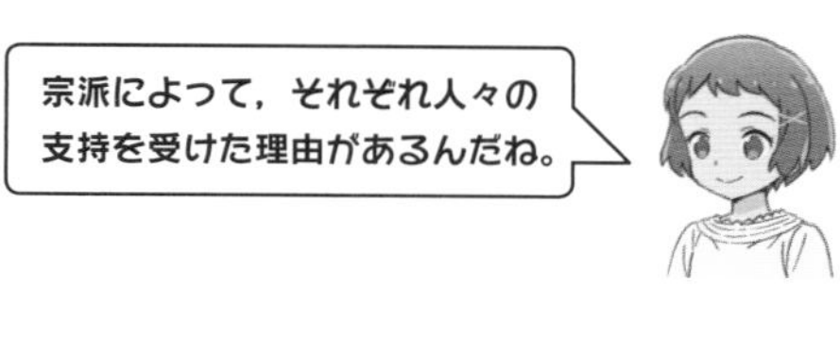

宗派によって，それぞれ人々の支持を受けた理由があるんだね。

# テーマ69 人物②

## 年表でチェック

| 時代 | おもなできごと |
|---|---|
| 弥生時代 | •【卑弥呼】(？～247年？)<br>→【邪馬台国】の女王。239年に中国の魏に使いを送った。 |
| 飛鳥時代 | •【推古天皇】(554～628年)<br>→わが国最初の女帝。おいの【聖徳太子】を摂政に任命した。<br>•【持統天皇】(645～702年)<br>→天武天皇の后。694年に【藤原京】へ都を移した。 |
| 平安時代 | •【紫式部】(生没年不明)<br>→中宮・彰子に仕える。11世紀初めに【『源氏物語』】を書く。<br>•【清少納言】(生没年不明)<br>→中宮・定子に仕える。11世紀初めに【『枕草子』】を書く。 |
| 鎌倉時代 | •【北条政子】(1157～1225年)<br>→北条時政の娘で源頼朝の妻。1221年に【承久の乱】が起こると頼朝の恩を説いて御家人をはげました。 |
| 安土桃山時代 | •【出雲阿国】(生没年不明)<br>→17世紀の初めに京都で【かぶき踊り】を始めた。 |
| 明治時代 | •【津田梅子】(1864～1929年)<br>→岩倉使節団とともに1871年に7歳で渡米。帰国後，女子教育の発展につくした。<br>•【与謝野晶子】(1878～1942年)<br>→歌人。日露戦争のとき戦場にあった弟の身を心配し，反戦詩の【『君死にたまふことなかれ』】を発表した。 |
| 大正時代 | •【平塚らいてう】(1886～1971年)<br>→1911年（明治44年）に【青鞜社】を結成し，その後，女性の解放と女性の地位の向上を求める運動を進めた。 |

**今回は，歴史上の女性がテーマだね。紫式部と清少納言は同時代の人で，ライバル関係にあったよ。**

## 問題演習

### ゼッタイに押さえるべきポイント

□30ほどのくにを従えた**邪馬台国**を治めた女王は【卑弥呼】である。（桐朋中など）

□日本初の本格的都市は，【持統天皇】が造営した藤原京といわれている。（頌栄女子学院中など）

□貧しい人々のための「施薬院（せやくいん）」は，**聖武天皇（しょうむてんのう）**の妻である【光明皇后（こうみょうこうごう）】がつくらせた。できたらスゴイ!（横浜共立学園中など）

□【『源氏物語』】は，平安時代に**紫式部**によって書かれた物語文学である。（湘南白百合中など）

□【『枕草子』】は，平安時代に**清少納言**によって書かれた随筆（ずいひつ）である。（攻玉社中など）

□「尼将軍（あましょうぐん）」と呼ばれた**北条政子**は【承久の乱】に際して，御家人に結束を呼びかけた。（立教女学院中など）

□**出雲阿国**によって【かぶき踊り】が始められた。（桜蔭中など）

□**津田梅子**は【岩倉使節団】とともにアメリカに渡り，帰国後，女子英学塾をつくり，女子の教育や地位の向上に力をつくした。（立教女学院中など）

□歌集『みだれ髪（がみ）』の作者は【与謝野晶子】である。（志學館中・学習院女子中等科など）

□【樋口一葉（ひぐちいちよう）】は『たけくらべ』や『にごりえ』を書いた。できたらスゴイ!（湘南白百合中など）

□「元始女性は実に【太陽】であった」は**平塚らいてう**が1911年の雑誌『青鞜（せいとう）』創刊号で述べた言葉である。（聖光学院中など）

□**市川房枝（いちかわふさえ）**は，平塚らいてうらとともに【新婦人協会】を設立し，婦人参政権獲得運動に力をつくした。できたらスゴイ!（立教女学院中など）

### 入試で差がつくポイント 解説→p157

□平塚らいてうらの運動はどのようなものを求める運動だったか。おもに2つのことがらについて，それぞれ簡潔に説明しなさい。（聖光学院中など）

［ 例：女性の参政権獲得と男女同権を求める運動。 ］

# テーマ70 史料①

## 要点をチェック

> …その国はもと男子を王にしていたが70～80年たって乱れ，何年も戦った。そこで諸国は共同してある女性を王とした。その名を卑弥呼という。

**【『魏志』倭人伝】**

- 【**邪馬台国**】について記された中国の歴史書。239年，女王卑弥呼は魏に使いを送り，「親魏倭王」の称号などを授けられた。

> 一に曰く，人の和を貴び，争わないようにせよ。
> 二に曰く，あつく三宝（仏教）を信仰せよ。
> 三に曰く，天皇の命令には必ず従え。

**【十七条の憲法】**

- 604年に【**聖徳太子**】が制定。前年の**冠位十二階**の制定を受けて，役人の守るべき心構えを示した。

> …もう長い間，ご飯をたいていない。それなのに鞭を手にした里長がやってきて，税を出せと呼びたてている。これほどまでに，どうしようもないものか，この世は。

**【『貧窮問答歌』】**

- 【**山上憶良**】の作で，【**『万葉集』**】に収められている。奈良時代の農民の苦しい生活の様子がわかる。

> この世をば　わが世とぞ思う　望月の
> かけたることも　なしと思えば

**【藤原道長の歌】**

- 11世紀前半に【**摂関政治**】の全盛期を築いた**藤原道長**が，自分の満足した気持ちを望月（満月）にたとえて表現したもの。

> 一，国司，荘園領主の裁判に，幕府は口を出さない。
> 一，二十年以上継続してその土地を支配していれば，その土地はその者の所有となる。

**【御成敗式目（貞永式目）】**

- 1232年に3代**執権**【**北条泰時**】が定めた最初の武家法。**御家人**の土地をめぐる裁判の基準などを示す。

> 一，今川家の領国の家臣は，自分勝手に他国より嫁や婿を取ったり，他国へ娘を嫁に出すことは，今後は禁止する。
> （『今川仮名目録』）

**【分国法（家法）】**

- 【**戦国大名**】が自分の領国を支配するために定めた法令。家臣や領国の農民の統制がおもな内容。

## 問題演習

### ゼッタイに押さえるべきポイント

□「その国の王はもとは男であったが,戦乱が続いたので,国々が共同して女王を立てた」という内容が書かれている中国の歴史書は【『魏志』倭人伝】であり,この女王は【卑弥呼】である。（三田国際学園中・慶應義塾中等部など）

□「かまどには火もなく，米をむす道具にはクモの巣が張っている。」と厳しい生活を送っている農民の気持ちをよんだ貴族は【山上憶良】であり，この歌は【万葉集】におさめられている。（駒場東邦中など）

□『尾張国郡司百姓等解文』は，【国司】である藤原元命の横暴を訴える郡司・百姓らによる告発文書である。できたらスゴイ!（東洋英和女学院中学部など）

□「守護の仕事は，頼朝公の時代に定めたように，京都の御所の警護と，反乱者や殺人などの犯罪人の取りしまりに限る」という内容を含む法を【御成敗式目（貞永式目）】といい，【北条泰時】が定めた。（慶應義塾中等部など）

□『今堀日吉神社文書』には，農民が村ごとに強く団結し，【寄合】を開いて自分たちで村のおきてを決めたことが書かれている。できたらスゴイ!

（東洋英和女学院中学部など）

### 入試で差がつくポイント 解説➡p157

□『今川仮名目録』のような分国法を，戦国大名が定めた理由を，簡単に説明しなさい。

［ 例：家臣や領国の農民を統制するため。 ］

「十七条の憲法」と「御成敗式目」は特によく出題されているよ。

出題される史料の意義や背景を知っておくとよさそうだね。

# テーマ71 史料②

## 要点をチェック

> 一，百姓が，刀や鉄砲などの武器を持つことをかたく禁止する。不要な道具を持っていると，年貢を出ししぶったり，一揆をくわだてたりするからである。

**【刀狩令】**

- 1588年に【豊臣秀吉】が出した法令。一揆の防止が目的。これらの政策により，兵農分離が進んだ。

> 一，学問と武芸にはげむこと。
> 一，大名は毎年四月中に江戸へ参勤すること。
> 一，城を修理する場合は必ず届け出ること。

**【武家諸法度】**

- 大名を取り締まるための法令で1615年に最初に出された。1635年に3代将軍徳川家光が【参勤交代】の制度を追加した。

> 第二条　伊豆の下田，松前の函館の両港は，米国の船が薪・水・食料・石炭の補給のため寄港することを許す。

**【日米和親条約】**

- 1854年に【ペリー】との間で結ばれた。下田と函館の開港などがおもな内容。

> 一，政治のことは会議を開き，みんなの意見を聞いて決めよう。
> 一，古い習慣をやめ，正しい道理にもとづいて物事にあたろう。

**【五箇条の御誓文】**

- 明治天皇が神に誓うという形で出された明治政府の基本方針。民衆に対しては江戸時代と変わらない【五榜の掲示】を出した。

> 天は人の上に人を造らず人の下に人を造らずといえり。…人は生まれながらにして貴賤・貧富の別なし。

**【『学問のすゝめ』】**

- 【福澤諭吉】が1872～1876年に出版。人間の自由や平等の尊さ，学問の大切さなどを説いた書物。

> あゝをとうとよ君を泣く君死にたまふことなかれ
> 末に生まれし君なれば親のなさけはまさりしも
> 親は刃をにぎらせて人を殺せとをしへしや

**【『君死にたまふことなかれ』】**

- 歌人の【与謝野晶子】が日露戦争の戦場にいた弟の身を案じて1904年に発表した詩。反戦の気持ちがこめられている。

# 問題演習

## ゼッタイに押さえるべきポイント

□「百姓が刀や短刀，弓，やり，鉄砲，そのほかの武器などを持つことを，かたく禁止する」という内容を含む法令は【刀狩令】であり，【豊臣秀吉】によって出された。（大阪女学院中・慶應義塾中等部など）

□江戸時代に定められた【武家諸法度】は，城を新たにつくったり，改修したりすることを禁止する法令である。（お茶の水女子大学附属中など）

□明治新政府の政策のうち，キリスト教の禁止や一揆の禁止など，民衆の心構えを示したものは【五榜の掲示】である。（淑徳与野中など）

□「天は人の上に人をつくらず，人の下に人をつくらずといえり」で始まる書物は【『学問のすゝめ』】であり，【福澤諭吉】が著した。（慶應義塾中等部など）

□「地図の上　朝鮮国にくろぐろと　墨を塗りつつ秋風を聴く」という短歌をよみ，韓国併合を批判した詩人は【石川啄木】である。できたらスゴイ!（聖光学院中など）

□「中国はドイツが山東省に持っている権益を日本にゆずる。」「旅順，大連の租借権と南満州の鉄道などの権利の期限を99年間延長する。」などの内容が含まれた【二十一か条の要求】を，1915年に日本が中国に対して示した。できたらスゴイ!

□「琉球（沖縄），小笠原諸島などはアメリカ合衆国の信託統治下におく」と定めた条約は【サンフランシスコ平和】条約である。できたらスゴイ!（女子学院中など）

## 入試で差がつくポイント 解説➡p157

□武家諸法度に追加された参勤交代の目的を，簡単に説明しなさい。

［　例：将軍に忠誠を誓わせ，主従関係を維持するため。　］

それぞれの史料が出された目的をしっかりとらえることが大切だよ。

## 入試で差がつくポイントの解説

### テーマ01 明治維新①

[1] かつて，子どもは重要な労働力と考えられていた。

[2] 版籍奉還後も，かつての大名をそのまま知藩事に任命したため，中央集権はあまり進まなかった。

---

### テーマ02 明治時代②・文明開化

[1] 富岡製糸場で作られていたものは生糸である。

[2] 岩倉使節団は，岩倉具視を全権大使とする使節団であり，1871年から約2年かけて欧米をまわった。

---

### テーマ03 自由民権運動と大日本帝国憲法①

[1] 1880年代は自由民権運動が激化し，各地で暴動が起こっていたことを踏まえる。

---

### テーマ04 自由民権運動と大日本帝国憲法②

[1] 国会開設の勅諭が出された背景には自由民権運動の高まりがある。大日本帝国憲法では天皇が国の元首として統治することが定められた。

[2] 第1回衆議院議員選挙は，大日本帝国憲法の制定後に実施された。

---

### テーマ05 日清戦争・日露戦争

[1] アは下関条約，イは甲午農民戦争（東学党の乱），ウは三国干渉について述べている。

---

### テーマ06 明治時代の外交・条約改正

[1] 関税自主権は，輸出入品にかける関税を独自に定める権利のこと。「関税自主権がない」とは，輸出入品にかける関税を自由に決められない状態をいう。

[2] イギリス人船長が日本人を救助しなかったことについて，日本は日本の法律で裁くことができなかった。

---

### テーマ07 明治時代の産業・文化

[1] 八幡製鉄所は，中国から鉄鉱石を輸入しやすく，近くに筑豊炭田があるという立地の良さから，北九州の地につくられた。

[2] 綿糸をつくる産業を紡績業という。

---

### テーマ08 第一次世界大戦

[1] 1911年の辛亥革命によって清が滅亡し，中華民国が成立した。孫文が臨時大総統に就任した後，袁世凱が大総統となった。

---

### テーマ09 第一次世界大戦の影響

[1] 米の値段が大きく上昇した結果，米騒動が発生した。

[2] シベリア出兵を見こして，米騒動が起きた。ウの関東大震災は1923年，エの全国水平社の結成は1922年である。

---

## テーマ10 戦間期の国際政治

1 国際連合では，国際連盟の欠点であった，全会一致の原則・制裁の手段が経済制裁のみであった点は解消されている。

## テーマ11 大正デモクラシー

1 長州藩出身の政治家としては，伊藤博文や山縣有朋が代表的である。
2 テレビ放送が始まったのは，太平洋戦争後のことである。

## テーマ12 世界恐慌とファシズム

1 好景気になったとしても，人びとの賃金はすぐに上がらないことが多い。そのため，好景気による物価上昇に賃金の上昇が追いつかない事態がおこる。
2 製糸業は生糸をつくる産業。当時の生糸の主な輸出先はアメリカである。

## テーマ13 満州事変

1 世界恐慌（きょうこう）の発生→日本へ波及（はきゅう）（昭和恐慌の発生）と，柳条湖（りゅうじょうこ）事件→満州事変→五・一五事件の流れを押さえておく。
2 満州国は，事実上，日本の傀儡（かいらい）にあるものとみなされていた。

## テーマ14 日中戦争・第二次世界大戦①

1 柳条湖事件は奉天郊外で起きたので満州，盧溝橋事件は北京郊外で起きたので北京の周辺を選ぶ。フランス領インドシナの占領は，1940年の北部仏印進駐と，1941年の南部仏印進駐の2回に分けて行われた。

## テーマ15 第二次世界大戦②

1 本土から物資を届ける方法が上手くいかなかった理由を答える。

## テーマ16 戦後の改革

1 農地改革は，地主・小作制を解体し，自作農を増やすために行われた。
2 GHQの目的は，日本の非軍事化であった。

## テーマ17 戦後の国際政治・日本の国際社会への復帰

1 警察（けいさつ）予備隊は，1950年に朝鮮（ちょうせん）戦争が始まった影響（えいきょう）で，GHQの命令により結成された。

## テーマ18 経済発展と国際関係

1 1973年に起きた石油危機によって世界経済が混乱した。石油危機以降の世界的な不況（ふきょう）に対する解決策を話し合うためにサミットが開催された。

## テーマ19 冷戦の終結と日本

1 不良債権とは，約束通りの元本や利息の支払いが受けられなくなるなど，その経済価値が低下した貸出債権のこと。バブル景気が終わると，日本では失われた20年とも呼ばれる長期の不況が続き，企業（きぎょう）の倒産や失業者が増加した。

## 入試で差がつくポイントの解説

### テーマ20 現在の日本

1 エは2015年のできごと。ISはイスラミック・ステートの略称で，イスラム国とも呼ばれていた。

2 福島第一原子力発電所で事故が起こったことを含めて答える。

### テーマ21 江戸幕府のはじまり

1 1600年に関ヶ原の戦いが起こり，1603年に徳川家康が征夷大将軍に任命された。

2 大阪冬の陣は1614年，大阪夏の陣は1615年のできごとである。

### テーマ22 徳川家光と江戸幕府の体制

1 大名屋敷が置かれたということは，大名が江戸に来る用事があるということ。その用事とは，将軍に謁見すること（参勤交代）である。

2 相手国との関係が悪化するとどうなるか，という視点をもっておくとよい。貨幣の流通量を安定させることが，経済を安定させることにもつながることを意識する。

### テーマ23 幕府の貿易独占とキリスト教

1 1624年にスペイン船が，1639年にポルトガル船の来航が禁止されたことも押さえておく。

### テーマ24 徳川綱吉・新井白石の政治

1 イは新井白石の正徳の治で行われた政策であり，綱吉の時代には質の悪い貨幣が大量に発行された。ア・エは徳川綱吉，ウは徳川家光が行った政策である。

### テーマ25 徳川吉宗・田沼意次の政治

1 この問題は，「なぜ明治新政府は地租改正を実施したのか」とほぼ同じ内容を問うている。当時の主な税は農民が納める年貢米だった。江戸幕府や藩は年貢米をお金に換えて財政を成り立たせていた点に注目する。

### テーマ26 松平定信・水野忠邦の政治

1 アは天保の改革の内容。ウは寛政の改革の内容。

### テーマ27 江戸時代の交通

1 東海道には，険しい箱根の山，大井川などの橋が架かっていない河川を渡るところ，伊勢湾を舟で渡るところなど，難所が多かった。一方で，中山道は山道が多いものの，それらの心配がないため，女性に好まれる道だった。

### テーマ28 江戸時代の産業

1 室町時代には，人のし尿などが肥料として用いられた。

## テーマ29 日本にせまる外国

1 イのラクスマンの来航は1792年，ウの異国船（外国船）打払令が出されたのは1825年，アのモリソン号事件が起きたのは1837年，エのアヘン戦争の開始は1840年である。

## テーマ30 外国との条約締結

1 高い関税をかけられないので，国内での外国製品の流通量を制限できない。外国製品の方が，安かったり優れていたりすると，国内でつくられた製品が対抗できず，国内の産業が衰退してしまう。

## テーマ31 江戸幕府の滅亡

1 薩英戦争のきっかけが生麦事件である。薩英戦争の結果，攘夷は不可能とさとった薩摩藩と長州藩が同盟を結ぶことになった。

2 大政奉還の中心人物は，江戸幕府最後の将軍となった徳川慶喜である。

## テーマ32 元禄文化・化政文化

1 前野良沢は，中津藩（現在の大分県）の藩医であった。

## テーマ33 鎌倉幕府の体制

1 御恩と対をなす奉公は，将軍に忠誠を誓い，戦いのときは将軍のために戦うことを指す。

2 切通しとは，山を切り開いて通した道路のこと。鎌倉は三方が山に囲まれていて，守りやすい地形だった。

## テーマ34 執権政治と承久の乱

1 承久の乱の後，六波羅探題の設置のみならず，後鳥羽上皇方についた武士や貴族の土地を取り上げ，幕府側の御家人を地頭として送り込んだ。その結果，幕府の力が西日本にも及ぶようになった。

## テーマ35 元寇と鎌倉幕府の滅亡

1 イの承久の乱は1221年，ウの御成敗式目の制定は1232年，アの弘安の役は1281年，エの永仁の徳政令は1297年のできごとである。

2 元寇の戦費は自己負担であり，御家人の中には土地を手放す者もいた。

## テーマ36 鎌倉時代の産業と社会

1 寝殿造は貴族の屋敷である。

## テーマ37 鎌倉時代の文化

1 ウの久遠寺を開き，エの『立正安国論』を記したのは，日蓮である。

## テーマ38 建武の新政・南北朝の動乱

1 ウの足利尊氏の挙兵の結果，後醍醐天皇が吉野に逃れて南朝を開き，南北朝時代が始まった。

# 入試で差がつくポイントの解説

## テーマ39 室町幕府の体制・足利義満の政治

1 勘合貿易は，倭寇の取り締まりに応じた足利義満が始めた。

2 宋とは正式な国交を結ばずに貿易を行っていたのに対し，明とは日本が朝貢する形で，正式な国交を結んで貿易を行っていた。

## テーマ40 応仁の乱・戦国の世へ

1 年号が記載されていることに着目して，1500－30＝1470年ごろに起こったできごとを答える。

2 足利学校を再興した上杉憲実は関東管領の地位にあった。アの今川氏は駿河，ウの細川氏は京都など，エの武田氏は甲斐を本拠地としていた。

## テーマ41 室町時代の産業と社会

1 中世につくられた関所は，専ら通行税の取り立てが目的となっていたため，商品価格が高騰し物流がとどこおった。江戸時代より前と江戸時代以降では関所の役割は異なる。
江戸幕府は江戸を守るために全国に関所を設置した。江戸時代の初期には，豊臣氏などの脅威があり，軍事的な拠点としての機能があったが，平和になってくると，「入り鉄砲に出女」を見張るなど，治安維持・警察的な役割が中心となった。

2 鉱山の開発は主に戦国大名によって進められた。

## テーマ42 村の自治と一揆

1 室町時代になると，共通の利害を持つ者どうしのヨコの結びつきが強くなった。

2 アは1404年，イは1485年，ウは1467年，エは1428年。

## テーマ43 室町時代の文化

1 書院造の代表的な建造物は，慈照寺の銀閣と同じ敷地にある，東求堂同仁斎である。これは足利義政の書斎であった。

## テーマ44 鉄砲とキリスト教の伝来

1 南蛮貿易では，中国産の生糸やヨーロッパ産の毛織物などを輸入した。

2 海外から日本にやってきた人々はウとエで，ウは明治時代。

## テーマ45 織田信長の統一政策

1 アは1576年，イは1590年，ウは1573年，エは1560年，オは1575年のできごと。

2 安土城は近江（琵琶湖のほとり）に築かれた。当時は琵琶湖の水運を利用することで陸路よりも早く京都に着くことができた。

## テーマ46 豊臣秀吉の天下統一

1 朝鮮出兵の目的は明を征服すること。明は日本軍の侵攻を断ち切るため，朝鮮を助けた。

## テーマ47 桃山文化

1 名古屋城の天守（閣）は，太平洋戦争中の空襲（くうしゅう）により焼失した。現在の天守（閣）は，戦後に再建されたものである。

## テーマ48 平城京と聖武天皇の政治

1 納税先と納税した物を明らかにする。

## テーマ49 荘園・遣唐使・天平文化

1 土地の私有を認めた結果，荘園の増加を招き，公地・公民の原則の崩壊につながった。

## テーマ50 平安京と桓武天皇の政治

1 真言宗（しんごん）や天台宗（てんだい）は密教（みっきょう）と呼ばれ，加持祈祷（かじきとう）（祈りや呪い）や厳しい修行を重視した。真言宗は，高野山金剛峯寺（こうやさんこんごうぶじ）を総本山としている。

2 奈良時代には仏教が重く用いられたため，道鏡（どうきょう）などの僧が勢力をもって，政治と宗教が混同されるような事態が起きた。

## テーマ51 摂関政治

1 藤原氏の摂関政治を説明する。

2 不輸の権・不入の権の違いについて問われることが多いので，整理しておく。

## テーマ52 院政と武士の台頭

1 1180年，源頼朝は石橋山の戦いに敗北するも，続く富士川の戦いには勝利した。その後，1184年の一ノ谷の戦いや1185年の屋島の戦いで，源氏は平氏を追い詰め，壇ノ浦の戦いで平氏は滅亡した。

## テーマ53 平安時代の文化

1 国風文化の特徴とかな文字の特徴を関連づけて説明する。

## テーマ54 稲作のはじまり

1 「山の上」や「高台」は見通しが良く，この利点は戦いが起こったときに最大限生かされる。

## テーマ55 邪馬台国

1 『後漢書』東夷伝にも，中国の皇帝が奴国の王の位を認めたと記されている。

2 当時は貫頭衣（かんとうい）と呼ばれる衣服が身につけられていた。

## テーマ56 大和政権と古墳文化

1 ここでの技術進歩は，海外から新しい技術がもたらされたことによる。

2 米づくりのためには土地や水が必要であったため，「むら」や「くに」がつくられていった。

## 入試で差がつくポイントの解説

### テーマ57 聖徳太子と大化の改新

1 冠位十二階は，家柄にとらわれず，手柄や功績に応じて役人に取り立てる制度であった。

### テーマ58 旧石器時代・縄文時代

1 アク抜きの効果をねらい，湧水池（わき水のあるところ）に木の実を貯蔵するための貯蔵穴をつくることもあった。

### テーマ59 政治史

1 オの承久の乱は鎌倉時代のできごと。

2 アは1159年，イは939年，ウは1467年，エは672年のできごと。

### テーマ60 土地制度史

1 地租改正により，土地の所有者に地券が発行された。この地券に書かれた土地の価格の3%が地租として現金で納められるようになった。

### テーマ61 産業史

1 東日本には佐渡金山，西日本には石見銀山などがあった。

### テーマ62 文化史①

1 イの釈迦三尊像は7世紀ごろ，ウの鑑真和上像は8世紀ごろ，アの金剛力士像は13世紀ごろにつくられた。

### テーマ63 文化史②

1 聖武天皇の遺品がおさめられた東大寺の正倉院は，「シルクロードの東の終着点」とも呼ばれ，螺鈿紫檀五絃琵琶などが保管されている。

### テーマ64 文化史③

1 『曽根崎心中』は近松門左衛門，『南総里見八犬伝』は滝沢馬琴，『東海道中膝栗毛』は十返舎一九の作品である。

### テーマ65 外交史①

1 海を渡る南路よりも陸路である北路の方が安全なルートだが，白村江の戦いで敗れたため，日本は北路を通れなくなった。

### テーマ66 外交史②

1 朝鮮との国交回復後，釜山には日本との交易のための倭館が置かれ，対馬藩が朝鮮との交易の窓口となった。

## テーマ67 外交史③

1 アメリカ合衆国の大統領からの国書には，日本とアメリカの友好を望むこと，貿易を行うこと，寄港したアメリカ船に石炭や水などの必需品を与えること，遭難者を保護することを求めることなどが書かれていた。

2 オがエのきっかけであり，エはイの直前に達成された。ウは1904年，アは1911年のできごと。

---

## テーマ68 人物①

1 ウは道元ではなく日蓮。

---

## テーマ69 人物②

1 平塚らいてうや市川房枝らが主に活躍したのは大正時代のこと。この頃は男子普通選挙が実現したが，女性の権利は十分には認められなかった。

---

## テーマ70 史料①

1 分国法の手本となったのが，鎌倉時代に出された御成敗式目（貞永式目）である。

---

## テーマ71 史料②

1 主従関係を維持するためにつくられた参勤交代によって，大名の経済的な負担が増え，大名の財力が弱まった。

---

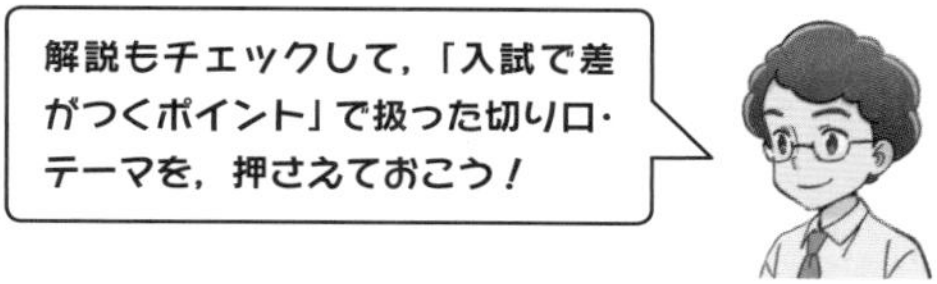

解説もチェックして，「入試で差がつくポイント」で扱った切り口・テーマを，押さえておこう！

# おわりに

ここまで来たということは，全部しっかり取り組んだか，必要な単元だけを取り組んで終了させたか,「はじめに」からワープしてきたか, 勉強の合間の休憩か, みなさんそれぞれ違っているでしょう。いずれにしても，この本がお役に立てたのであれば，とてもうれしいことです。

## 演習をしながら，この本で学び直す

さて，中学入試では大きく分けると地理，歴史，公民分野が出題されます。**学校によっては一つのテーマをもとに地理の問題や歴史の問題を複合させて解く問題が出されることもあります。**みなさんは過去問を解くことで学校の出題傾向を理解し，入試本番まで準備をするでしょう。過去問を解く意義はそこにあります。近年の問題が繰り返し出題されることはほとんどありません。しかし，似ている問題は出てきます。過去問演習で慣れたうえで，苦手な単元や時代の流れを，この本で学び直してくださいね。

**社会は「今」から勉強すれば入試に間に合う教科です。**今がいつなのか，それはみなさんがこの「おわりに」を読んでいる「今」です。**自分が苦手だと思っている単元を繰り返し見直して解き直してできるようにする→それが本番で出題される→点がとれる→合格できる可能性が高まります**よね。もしも苦手だと思っている単元が出なかったら，それはそれでラッキーですよね。入試でどの単元が出題されるかは事前にはわかりません。出たら出たで前向きに，出なかったら出なかったで，前向きに取り組みましょう。不安を持ったまま入試当日を迎えるよりも一つでも不安を自信に変えて入試当日を迎えましょうね。

## 改訂にあたってのポイント

2018年に発売された『中学入試にでる順　社会　歴史』をこの度，改訂することになりました。改訂にあたって日本全国約100校程度の中学入試の社会を3年分チェックしました。首都圏の中学受験塾を運営しているので，首都圏の中学入試の社会科はもちろん毎年チェックをしているのですが，日本全国の私立中学入試の社会科のチェックをする機会はそうそうありません。とてもやりがいのある充実した時間を過ごすことができました。この『改訂版　中学入試にでる順

社会　歴史』は入試直前の見直し教材としてだけではなく，歴史単元の復習をする時の教材としてや，各種テストの直前の見直しにも，隙間時間の学習にも最適です。ぜひご活用ください。改訂にあたってたくさんの入試問題をチェックしたところ，さまざまな学校のさまざまな問題形式でも問われる大事な内容は同じと言えると思いました。**この本に載っている用語は「よくでる」ものと断言できます。必ず覚えましょう。**

難しい，覚えられない用語の覚え方のコツをお伝えします。覚えるまで書き続けることです。近年，小学校でのタブレット教育の普及で，調べ学習などはインターネットを利用して，より効率的に取り組める素晴らしい時代になりました。その反面，「用語が覚えられない」とご相談をいただく機会が増えました。いろいろな要因が重なり覚えるまで書くという習慣がついていないのかな…と個人的な考えています。中学入試は問題用紙の設問を読んで，答案用紙に解答を書くという形式がほとんどです。書けなければ点が取れません。読んで理解した後，どれだけ書けるのか。移動時間に書くことはできませんが，自習時には手を動かして，**頭の中だけではなく体で覚えるようにしましょう**。この本を手に取ったあなたならできるでしょう。

## 『地理』といっしょに取り組んでみて

改訂前の『中学入試にでる順　社会　歴史』では，**「入試本番直前に見直した用語が本番で出題された」など，うれしい声が多く届きました。**改訂版でも同じような声が届くことを期待しております。この本を読んでくれているみなさん，私を支えてくれる塾の生徒，卒業生，保護者様，講師の方々，執筆にご協力いただいた（有）マイプランの方々，KADOKAWAの角田顕一朗さん。そして，多くの縁をつないでくださり，監修にあたりアドバイスをいただいたスタディサプリ社会科の先輩，伊藤賀一先生にこの場を借りて心より御礼申し上げます。

『改訂版　中学入試にでる順　社会　地理』とあわせて読んでいただいた方もいるでしょう。この2冊がみなさんのお役に立てたのなら望外の喜びです。

**監修　玉田久文**

玉田　久文（たまだ　ひさあき）
スタディサプリ講師。
1980年、兵庫県生まれ。大学時代から兵庫県の学習塾で教壇に立つ。大学卒業後は外食産業に就職するが、数年後に香川県で塾業界に戻る。2006年より、中学受験専門塾の社会科講師として、首都圏の学習塾で活躍。
2010年に独立し、現在は神奈川県横浜市で少人数専門の中学受験専門塾を経営している。2015年から、スタディサプリ小学講座・中学講座で社会科を担当。
「社会は興味を持てばすぐに得意科目になる」という考えのもと、生徒が興味を持つ楽しい授業を展開し、好評を得る。
著書・監修書に『改訂版　中学入試にでる順　社会　地理』『改訂版　中学入試にでる順　社会　歴史』『高校入試 7日間完成 塾で教わる 中学3年分の総復習 社会』（以上、KADOKAWA）、『中学社会のなぜ？が1冊でしっかりわかる本』（かんき出版）、『桃太郎電鉄でポイント135 日本地理まるわかり大図鑑』（講談社）などがある。

# 改訂版　中学入試にでる順　社会　歴史

2024年１月26日　初版発行

監修／玉田 久文

発行者／山下 直久

発行／株式会社KADOKAWA
〒102-8177　東京都千代田区富士見2-13-3
電話　0570-002-301（ナビダイヤル）

印刷所／株式会社加藤文明社印刷所

製本所／株式会社加藤文明社印刷所



●お問い合わせ
https://www.kadokawa.co.jp/（「お問い合わせ」へお進みください）
※内容によっては、お答えできない場合があります。
※サポートは日本国内のみとさせていただきます。
※Japanese text only

定価はカバーに表示してあります。


ISBN 978-4-04-606648-0　C6020